Esta coleção visa essencialmente o estudo da evolução do ser humano sob os aspetos mais genericamente antropológicos – isto é, a visão do humano como um ser que se destacou do conjunto da natureza, que soube modelar-se a si próprio, que foi capaz de criar técnicas e artes, sociedades e culturas.

A IMAGINAÇÃO SIMBÓLICA

Título original:
L'imagination symbolique

Tradução (da 6.ª ed. franc. – 1993): Carlos Aboim de Brito

Revisão: Edgar Ferreira e Henrique Fernandes

Capa: FBA

Depósito Legal n.º 494863/22

Biblioteca Nacional de Portugal – Catalogação na Publicação

DURAND, Gilbert, 1921-2012

A Imaginação Simbólica. – (Perspectivas do Homem)
ISBN 978-972-44-2547-4

CDU 164

ISBN: 978-972-44-2547-4
ISBN da 1.ª edição: 972-44-0902-3

Paginação:
MA

Impressão e acabamento:
Papelmunde

para
EDIÇÕES 70
Fevereiro de 2022
(1995)

EDIÇÕES 70, uma chancela de Edições Almedina, S.A.
LEAP CENTER – Espaço Amoreiras
Rua D. João V, n.º 24, 1.03 – 1250–091 Lisboa – Portugal
e-mail: editoras@grupoalmedina.net

A IMAGINAÇÃO SIMBÓLICA

GILBERT DURAND

Tradução de Carlos Aboim de Brito

70

«— E nós bradámos-lhe: Abraão! Acreditaste no teu sonho! Na verdade está aí a prova evidente!»

Alcorão, XXXVII, 104–106.

Introdução

O vocabulário do simbolismo

> «Um sinal é uma parte do mundo físico do ser (*being*), um símbolo é uma parte do mundo humano do significado (*meaning*).»
>
> ERNST CASSIRER
> *An Essay on Man*, p. 32

Sempre reinou uma extrema confusão na utilização dos termos relativos ao imaginário. Talvez seja necessário pressupor que tal estado de coisas provém da extrema desvalorização que sofreu a imaginação, a «*phantasia*», no pensamento do Ocidente e da Antiguidade clássica. «Imagem», «signo», «alegoria», «símbolo», «emblema», «parábola», «ídolo», «figura», «ícone», «ídolo», etc., são utilizados indiferentemente pela maior parte dos autores.([1])

A consciência dispõe de duas maneiras para representar o mundo. Uma *direta*, na qual a própria coisa parece estar presente no espírito, como na perceção ou na simples sensação. A outra *indireta* quando, por esta ou por aquela razão, a coisa não pode apresentar-se «em carne e osso» à sensibilidade, como por exemplo na recordação da nossa infância, na imaginação das paisagens do planeta Marte, na compreensão da dança dos eletrões em torno do núcleo atómico ou na representação de um além da morte. Em todos estes casos de

([1]) Ver DUMAS, G., *Traité de Psychologie*, t. IV. p. 266–268. Ver o excelente artigo de EDELINE, F., «Le symbole et l'image selon la théorie des codes», *Cahiers internationaux de symbolisme*, n.º 2, 1963.

consciência indireta, o objeto ausente é *representado* na consciência por uma *imagem*, no sentido muito lato do termo.

Na verdade, a diferença entre pensamento direto e pensamento indireto não é tão definitiva como acabamos de expor, por preocupação de clareza. Seria melhor escrever que a consciência dispõe de diferentes graus de imagem — consoante esta última é uma cópia fiel da sensação ou apenas assinala a coisa — cujos dois extremos seriam constituídos pela adequação total, a presença percetiva, ou pela inadequação mais extrema, isto é, um signo eternamente viúvo de significado, e veríamos que este signo longínquo não é mais do que o símbolo.

O símbolo define-se como pertencente à categoria do signo. Mas a maior parte dos signos são apenas subterfúgios de economia que remetem para um significado que poderia estar presente ou ser verificado. Assim, um *sinal* previne simplesmente sobre a presença do objeto que representa. Do mesmo modo, uma *palavra*, uma *sigla*, um *algoritmo* substituem economicamente uma extensa definição conceptual. É mais rápido desenhar numa etiqueta um crânio estilizado e duas tíbias cruzadas do que explicitar o complicado processo através do qual o cianeto de potássio destrói a vida. Da mesma maneira, o nome de «Vénus» aplicado a um planeta do sistema solar, a sua sigla astrológica ♀, ou mesmo o conjunto de algoritmos que definem a trajetória elipsoidal deste planeta nas fórmulas de Kepler são mais económicos do que uma extensa definição assente nas observações da trajetória, da magnitude e das distâncias deste planeta em relação ao Sol.

Sendo os signos deste tipo, apenas em teoria, um meio de economizar operações mentais, nada impede — pelo menos em teoria — que eles sejam escolhidos *arbitrariamente*. Basta que se declare que um disco vermelho com uma barra branca significa que se não deve avançar, para que este sinal se tome o do «sentido proibido». Não há qualquer necessidade de figurar no painel de sinalização a imagem de um agente de polícia ameaçador. Do mesmo modo, a maior parte das palavras, e especialmente os nomes próprios, para quem não estudou a filologia da língua, parece ser desprovida de qualquer motivação, de toda e qualquer razão de ser constituída de uma maneira e não de outra: não preciso de saber que existia um deus celta Lug e que Lião vem de Lugdunum para não confundir a cidade de Lião com a de Grenoble. Basta saber que a palavra Lião — que associo à palavra «cidade» para não confundir foneticamente com o animal «leão» — remete para uma cidade francesa realmente existente na confluência dos rios Ródano e Sona, para que utilize este signo fonético através de uma convenção cuja origem poderia ser totalmente arbitrária: poderia substituir este nome de cidade por um simples número, como fazem os americanos para as ruas e avenidas das suas cidades.

No entanto, há casos em que o signo é obrigado a perder a sua arbitrariedade teórica: quando remete para abstrações, especialmente para qualidades espirituais ou do domínio moral, dificilmente apresentáveis «em carne e osso». Para significar o planeta Vénus, poderia também denominá-lo Carlos Magno, Pedro, Paulo ou Médor. Mas para significar a Justiça ou a Verdade, o pensamento não pode abrir-se ao arbitrário, porque estes conceitos são menos evidentes do que aqueles que assentam em perceções objetivas. É então necessário recorrer a um tipo de signos complexos. A ideia de justiça será figurada por uma personagem punindo ou absolvendo e teria então uma *alegoria*; esta personagem poderá estar rodeada ou servir-se de diferentes objetos: tábuas da lei, gládio, balança, e eu estaria então a tratar de *emblemas*. Para captar ainda melhor esta noção de Justiça, o pensamento poderá escolher a narração de um exemplo de facto judiciário, mais ou menos real ou alegórico, e neste caso ter-se-ia um *apólogo*. A alegoria é a *tradução*(2) concreta de uma ideia difícil de compreender ou de exprimir de uma maneira simples. Os signos alegóricos contêm sempre um elemento concreto ou exemplificativo do significado.

Podemos, portanto, pelo menos em teoria, distinguir dois tipos de signos: os *signos arbitrários* puramente indicativos(3), que remetem para uma realidade significada, se não presente, pelo menos sempre

(2) Ver Ricoeur, P., *Finitude et culpabilité*, p. 23. «Uma vez feita a introdução, podemos passar sem a alegoria, que se tornou inútil.»

(3) Cassirer, E., *Philosophie der symbolischen Formen*, III, p. 285.

apresentável, e os *signos alegóricos*, que remetem para uma realidade significada dificilmente apresentável. Estes últimos signos são obrigados a *figurar* concretamente uma parte da realidade que significam.

Finalmente, chegamos à imaginação simbólica propriamente dita quando o significado não é *de modo algum apresentável* e o signo só pode referir-se a um *sentido* e não a uma coisa sensível. Por exemplo, o mito escatológico que coroa a obra *Fédon* é um mito simbólico, dado que descreve o domínio interdito a qualquer experiência humana, o além da morte. Do mesmo modo, podemos distinguir, nos Evangelhos, as «parábolas» que são verdadeiros conjuntos simbólicos do Reino e os simples «exemplos» morais: o Bom Samaritano, Lázaro e o Mau Rico, etc., que são apenas apólogos alegóricos.([4]) Por outras palavras, podemos definir o *símbolo*, como A. Lalande([5]), como «qualquer signo concreto que evoca, através de uma relação natural, algo de ausente ou impossível de perceber»; ou ainda, como Jung: «A melhor figura possível de uma coisa relativamente desconhecida que não conseguíamos designar inicialmente de uma maneira mais clara e mais característica.»([6])

O símbolo seria mesmo, segundo P. Godet([7]), o inverso da alegoria: «A alegoria parte de uma ideia (abstrata) para chegar a uma figura, enquanto o símbolo é em primeiro lugar e em si figura e, como tal, fonte, entre outras coisas, de ideias.» Porque o que é próprio do símbolo é ser, contrariamente ao carácter centrífugo da

---

([4]) Ver Lemarié, O., *Initiation au Nouveau Testament*, p. 164: «Distinguimo-los das parábolas por não serem símbolos que transpõem um ensino religioso numa ordem diferente. Os "exemplos" são tomados na própria ordem moral da qual são casos supostos...» Ver Lc 10, 30–37; 16, 19–31, etc.

([5]) Lalande, A., *Vocabulaire critique et technique de la philosophie*, artigo «símbolo sentido», n.º 2.

([6]) Ver Jung, *Psychologische Typen*, p. 642. Ver Creuzer, F., *Symbolik und Mythologie der alten Völker*, I, p. 70: «A diferença entre uma representação simbólica e uma representação alegórica reside no facto de esta última dar unicamente uma noção geral, ou uma ideia que é diferente de si mesma, enquanto a primeira é a própria ideia tornada sensível, encarnada.»

([7]) Godet, P., «Sujet et symbole dans les arts plastiques», em *Signe et Symbole*, p. 125: «A figura alegórica tem o seu significado fora de si mesma, no programa conceptual que tem a missão de ilustrar.»

figura alegórica em relação à sensação, centrípeto. O símbolo, como a alegoria, é recondução do sensível, do figurado ao significado, mas também, pela própria natureza do significado inacessível, é *epifania*, ou seja, aparição, através do e no significante, do indizível.([8])

Vemos, de novo, qual vai ser o domínio de predileção do simbolismo: o não-sensível sob todas as suas formas: inconsciente, metafísico, sobrenatural e surreal. Estas «coisas ausentes ou impossíveis de perceber», por definição, vão ser, de maneira privilegiada, os próprios temas da metafísica, da arte, da religião([9]), da magia: causa primeira, fim último, «finalidade sem fim»», alma, espíritos, deuses, etc.

Mas existe um paradoxo, que convém desde já sublinhar, nesta definição do próprio símbolo. Inadequado por essência, isto é, parabólico([10]), de uma maneira ainda mais radical do que as imagens e processos emblemáticos, o símbolo é inversamente obrigado a muito menos de arbitrário, muito menos de «convenção» do que o emblema. Dado que a re-presentação simbólica nunca pode ser confirmada pela representação pura e simples do que significa, o símbolo, em última instância, *só é válido por si mesmo*.([11]) Não podendo representar a irrepresentável transcendência, a imagem simbólica é *transfiguração* de uma representação concreta através de um sentido para sempre abstrato. O símbolo é, pois, uma representação que faz *aparecer* um

---

([8]) A liturgia cristã ortodoxa, na ornamentação da iconóstase ou no sacramento da Eucaristia, mostra bem que a imagem simbólica (ícone) é simultaneamente *anamnese* cujo tipo é o sacramento de comunhão, e *epiclese* cujo tipo é o Pentecostes.

([9]) É preciso notar que os filósofos utilizam *signo* e *símbolo* ao contrário dos teólogos e linguistas. Para estes, o signo é plenário, ou mesmo natural, enquanto o símbolo é que é convencional. Ver Morel, B., *Le signe sacré*, p. 37; Leuba, J.-L., «Signe et symbole en théologie», em *Signe et symbole*; Guiraud, P., *La sémantique*, p. 13.

([10]) Dando ao prefixo grego «*para-*» o seu sentido mais forte: «que não atinge». Ver Leuba, J.-L., *op. cit.*, p. 160: «As parábolas evangélicas são um exemplo surpreendente desta relação simultaneamente essencial e inadequada.»

([11]) Ver Godet, P., *op. cit.*, p. 120: «O símbolo é uma figura que é válida, não precisamente *para* si mesma, porque nesse caso não seria símbolo de nada, mas *por* si mesma.»

sentido secreto, é a epifania de um mistério.([12]) A metade visível do símbolo, o «significante», estará sempre carregado da máxima concreção e, como diz Paul Ricoeur([13]) de uma maneira excelente, qualquer símbolo autêntico possui três dimensões concretas: é simultaneamente «cósmico» (ou seja, recolhe às mãos cheias a sua figuração no mundo bem visível que nos rodeia), «onírico» (isto é, enraíza-se nas recordações, nos gestos que emergem nos nossos sonhos e constituem, como bem demonstrou Freud, a massa muito concreta da nossa biografia mais íntima) e, finalmente, «poético», ou seja, o símbolo apela igualmente à linguagem, e à linguagem que mais brota, logo, à mais concreta. Mas também a outra metade do símbolo, a parte de invisível e de indizível que faz dele um mundo de representações indiretas, de signos alegóricos sempre inadequados, constitui uma espécie lógica bem à parte. Enquanto num simples signo o significado é limitado e o significante, ainda que arbitrário, é infinito; enquanto a simples alegoria traduz um significado finito por um significante não menos delimitado, os dois termos do *sumbolon*([14]) são, por sua vez, infinitamente abertos. O termo significante, o único concretamente conhecido, remete em «extensão», se assim podemos dizer, para todas as espécies de «qualidades» não figuráveis, e isto até à antinomia. É por isso que o signo simbólico, «o fogo», aglutina os sentidos divergentes e antinómicos do «fogo purificador», do «fogo sexual», do «fogo demoníaco e infernal». Mas, paralelamente, o termo significado, concebível no melhor dos casos mas não representável, estende-se por todo o universo concreto: mineral, vegetal, animal, astral, humano, «cósmico», «onírico» ou «poético». É por isso que

---

([12]) *Epiphaneia* (grego): «aparição». Ver Corbin, *L'imagination créatrice dans le soufisme d'Ibn Arabi*: «O símbolo... é a cifra de um mistério», ou Godet, P., *op. cit.*, p. 128: «Um infinito no finito: é sem dúvida a melhor maneira de caracterizar a essência singular que é o símbolo na arte.»

([13]) Ricoeur, P., *Finitude et culpabilité*, II, «La symbolique du mal», p. 18.

([14]) Sobre a etimologia de *sumbolon*, ver Alleau, R., *De la nature des symboles*, p. 14 e 49. Em grego (*sumbolon*) como em hebraico (*mashal*) ou em alemão (*Sinnbild*), o termo que significa símbolo implica sempre a *união* de duas *metades*: signo e significado.

o «sagrado», ou a «divindade», pode ser significado por qualquer coisa: uma pedra erguida, uma árvore gigante, uma águia, uma serpente, um planeta, uma encarnação humana como Jesus, Buda ou Krishna, ou até pelo apelo à Infância que permanece em nós.

Este duplo imperialismo([15]) — simultaneamente do significante e do significado — na imaginação simbólica marca especificamente o signo simbólico e constitui a «flexibilidade» do simbolismo.([16]) O imperialismo do significante, que ao repetir-se chega a integrar numa única figura as qualidades mais contraditórias, tal como o imperialismo do significado, que chega a transbordar por todo o universo sensível para se manifestar, repetindo incansavelmente o ato *epifânico*, possuem o carácter comum da *redundância.* É através do poder de repetição que o símbolo preenche indefinidamente a sua inadequação fundamental. Mas esta repetição não é tautológica: é um aperfeiçoamento através da acumulação de aproximações. É comparável nisso a uma espiral, ou melhor, a um solenoide, que em cada volta define cada vez mais o seu objetivo, o seu centro. Isto não quer dizer que um único símbolo não seja tão significativo como todos os outros, mas que o conjunto de todos os símbolos sobre um tema esclarece os símbolos uns através dos outros, acrescentando-lhes um «poder» simbólico suplementar.([17])

Da mesma maneira, desta específica propriedade de aperfeiçoamento na redundância, podemos esboçar uma classificação sumária, mas cómoda, do universo simbólico consoante os símbolos que visem uma redundância de gestos, de relações linguísticas ou de imagens materializadas através de uma arte.

Uma redundância significante dos gestos constitui a classe dos *símbolos rituais*: o muçulmano que na hora da oração se inclina para Oriente, o padre cristão que benze o pão e o vinho, o soldado que faz o juramento de bandeira, o bailarino, o ator que «interpreta»

([15]) Ver Godet, P., *op. cit.*, p. 121: «O símbolo cuja propriedade é manifestar um sentido de que é portador pode ser rico de numerosos sentidos.»

([16]) Cassirer, E., *An Essay on Man*, p. 57.

([17]) Veremos mais adiante que este método de «convergência» é bem o método por excelência da hermenêutica.

um combate ou uma cena de amor dão através dos seus gestos uma atitude significativa ao corpo ou aos objetos que manipulam.

A redundância das relações linguísticas é significativa do *mito* e dos seus derivados, como demonstrou o etnólogo Claude Lévi-Strauss(18). Um mito — ou um conjunto de parábolas evangélicas, por exemplo — é uma repetição de certas relações, lógicas e linguísticas, entre ideias ou imagens expressas verbalmente. É por isso que o «Reino de Deus» é significado nos Evangelhos por um conjunto de parábolas que constituem, especialmente em São Mateus(19), um verdadeiro mito simbólico em que a relação semântica entre trigo e joio, pequenez do grão de mostarda e grandeza da árvore que dele nasceu, rede e peixe, etc., tem mais do que o sentido literal de cada parábola.

Finalmente, a imagem pintada, esculpida, etc., tudo o que se poderia chamar *símbolo iconográfico*, constitui múltiplas redundâncias: «cópia» redundante de um sítio, de uma cara, de um modelo decerto, mas também representação pelo espectador daquilo que o pintor já representou tecnicamente... Nos casos dos ícones religiosos, existe mesmo «cópia» em vários exemplares de um mesmo modelo: cada estatueta da Nossa Senhora de Lurdes é a Imaculada Conceição única, o altar de cada igreja é simultaneamente o Cenáculo e o Gólgota. Mas, mesmo no caso de uma simples pintura profana, a *Gioconda* por exemplo, percebe-se bem este poder da imagem simbólica: o «modelo» Mona Lisa desapareceu para sempre, não sabemos nada dele, no entanto, o seu retrato mantém presente esta ausência definitiva. Cada espectador que visita o Louvre repete sem saber o ato redundante de Da Vinci e a *Gioconda* surge-lhe concretamente numa inesgotável epifania.(20) É certo que existem variações na intensidade

(18) Ver Lévi-Strauss, *Anthropologie structurale*, cap. XI: «Les structures des mythes», p. 227. Este autor mostra que sob o «diacronismo» aparente da narrativa é o «sincronismo» das sequências — isto é, das redundâncias — que é significativo. Ver Durand, G., *Les structures anthropologiques de l'imaginaire*, pp. 397 e segs.

(19) Mt 13, 3; 24.31; 31–52.

(20) Corbin, H. (*op. cit.*, p. 13) insistiu bastante neste poder de repetição instauradora do objeto simbólico, que compara à «interpretação» musical:

simbólica de uma imagem pintada e na intensidade significativa do sistema de redundâncias iconográficas. A imagem veicula mais ou menos «sentido». E, tal como foi dito, *Os Peregrinos de Emaús* de Rembrandt são incontestavelmente mais ricos deste ponto de vista do que *O Boi Esfolado.*([21]) Do mesmo modo, a intenção simbólica de um ícone bizantino ou de um Giotto é mais intensa do que a do pintor impressionista que só se interessa pela «súmula» epidérmica da luz. Uma pintura ou uma escultura com valor simbólico é a que possui o que Étienne Souriau denomina — com um termo que tão bem se justifica, como veremos — «O Anjo da Obra», isto é, que encobre um «conteúdo que a transcende».([22])

O verdadeiro «ícone» é «instaurador» de um sentido, a simples imagem — que depressa se perverteu em ídolo ou em feitiço — está fechada sobre si mesma, rejeição do sentido, «cópia» inerte do sensível. No domínio do ícone mais simbolicamente intensivo, parece que, do ponto de vista do consumidor, é o ícone bizantino que melhor satisfaz o imperativo da recondução([23]) e, do ponto de vista do produtor e do consumidor, é a pintura Ch'an e taoista, que reconduz o artista chinês ao sentido do objeto sugerido por alguns traços ou algumas manchas de aguarela.([24])

«O símbolo... nunca é *explicado* de uma vez por todas, mas está sempre por decifrar de novo, do mesmo modo que uma partitura musical nunca é decifrada de uma vez por todas, mas exige uma execução sempre nova.»

([21]) Godet, P., *op. cit.*, p. 106.

([22]) Ver Souriau, E., *L'ombre de Dieu*, Paris, 1955, p. 167 e também pp. 133–144, 152–153, 280–282. Cf. o que Focillon denomina a *aura* que transfigura a obra (*La vie des formes*, Paris, Leroux, 1934 [*A Vida das Formas*, Edições 70]); ver igualmente Corbin, H., *op. cit.*, p. 215, n.º 10, e Godet, P., *op. cit.*, p. 127.

([23]) O ícone é definido como *anamnese* pelo VII Concílio Ecuménico (787, Niceia).

([24]) Para todo o Extremo Oriente sino-japonês, a beleza concreta, como para Platão, é recondução iluminante à beleza em si e ao além inefável da beleza. Sobre o pintor chinês Yu-Ko, foi afirmado que, quando pintava bambus, «esquecia o seu próprio corpo e era transformado em bambus». Mas estes bambus são, por sua vez, *símbolos* e reconduzem a um êxtase místico. Ver Northrop, F.S.C., *The Meeting of East and West*, p. 340.

Vamos deter-nos, por agora, nesta definição, nestas propriedades e nesta sumária classificação do símbolo como «signo que remete para um indizível e invisível significado, sendo deste modo obrigado a encarnar concretamente esta adequação que lhe escapa, e isto através do jogo das redundâncias míticas, rituais, iconográficas que corrigem e completam inesgotavelmente a inadequação».

Vemos de imediato que tal modo de conhecimento nunca adequado, nunca «objetivo», dado que nunca atinge um objeto e que se pretende sempre essencial porque se basta a si próprio, e que traz em si mesmo, de modo escandaloso, a mensagem imanente de uma transcendência, nunca explícita mas sempre ambígua e geralmente redundante, verá, ao longo da história, numerosas ações religiosas ou filosóficas levantar-se contra ele. É este conflito que vamos assinalar sucintamente no primeiro capítulo deste livro. Mas, depois de termos verificado que, apesar da ofensiva de toda uma civilização, o símbolo está de boa saúde e que a própria abordagem do pensamento ocidental contemporâneo deve, de boa ou má vontade, sob pena de alienação, encarar metodicamente o «facto» simbólico, estudaremos nos capítulos seguintes a realidade simbólica e os métodos da simbologia. Finalmente, nos últimos capítulos, tendo mostrado a via de apaziguamento no conflito entre a Razão e a Imagem, poderemos com serenidade, tendo em conta os resultados trazidos pelos métodos da hermenêutica, encarar a possibilidade de uma ciência e de um saber novo baseados na simbologia, e estudar as funções filosóficas do simbolismo. Antes disso, vamos resumir brevemente num quadro as principais diferenças que acabamos de estabelecer entre signo, alegoria e símbolo.

QUADRO 1

Os modos de conhecimento indireto

<table>
<tr><th></th><th>O signo
(sentido estrito)</th><th>A alegoria</th><th>O símbolo</th></tr>
<tr><td>Significante</td><td>Arbitrário.

Adequado.</td><td>Não arbitrário, ilustração geralmente convencional do significado.

Pode ser uma parte, um elemento, uma qualidade do significado (emblema).

Parcialmente adequado.</td><td>Não arbitrário.

Não convencional.

Reconduz à significação.
É dado em exclusivo.

Suficiente e inadequado ou «parabólico».</td></tr>
<tr><td>Relação entre significante e significado</td><td>Equivalência indicativa: ≃.</td><td>Tradução: ⥲, (traduz economicamente o significado).</td><td>Epifania: ⇄.</td></tr>
<tr><td>Significado</td><td>Pode ser apreendido por outro processo de pensamento.

Dado antes do significante.</td><td>Dificilmente captável por um meio direto, geralmente é um conceito complexo ou uma ideia abstrata.
Dado antes do significante.</td><td>Nunca pode ser captado pelo pensamento direto.

Nunca é dado fora do processo simbólico.</td></tr>
<tr><td rowspan="2">Qualificativos</td><td rowspan="2">Semiológico (Saussure).
Semiótico (Jung, Cassirer).
Indicativo (Cassirer).

Signo «arbitrário» (Edeline).</td><td>Alegórico (Jung).
Emblemático.
Sintemático (R. Alleau).</td><td>Simbólico.
Semântico (Saussure).</td></tr>
<tr><td colspan="2">Signo «associado» (Edeline).</td></tr>
</table>

Capítulo I

A vitória dos iconoclastas ou o reverso dos positivismos

> «O positivismo é a filosofia que, no mesmo movimento, suprime Deus e clericaliza todo o pensamento.»
>
> JEAN LACROIX
> *La sociologie de Auguste Comte*

Pode parecer duplamente paradoxal querer tratar do «Ocidente iconoclasta». Não reserva a história cultural este epíteto à crise que sacudiu o Oriente bizantino no séc. VII? Como pode uma civilização que transborda de imagens, que inventou a fotografia, o cinema, os inúmeros meios de reprodução iconográfica, ser acusada de iconoclasmo?

Existem, decerto, formas de iconoclasmo. Uma, por defeito, rigorista, é a de Bizâncio, que, a partir do séc. V, se manifesta com Santo Epifânio, vindo a reforçar-se sob a influência do legalismo judeu ou muçulmano, e que será mais uma exigência reformadora de «pureza» do símbolo contra o realismo demasiado antropomorfo do humanismo cristológico de São Germano de Constantinopla e, em seguida, de Teodoro Estudita.(1) A outra, mais insidiosa, é de certo modo, por excesso, inversa nas suas intenções às dos pios concílios

(1) Ver GRUMEL, V., «L'iconologie de saint Germain de Constantinople», em *Echos d'Orient*, t. 21, p. 165, e «L'iconologie de saint Théodore Studite», em *Echos d'Orient*, t. 21, p. 257. Ver também em *Dict. d'archéologie chrétienne et de liturgie*, LECLERC, H., artigo sobre «Les images», t. VII. Ver o nosso artigo, «L'occident iconoclaste», em *Cahiers internationaux de symbolisme*, n.º 2, 1963.

bizantinos. Ora, se o iconoclasmo do primeiro tipo foi um simples acidente na ortodoxia, vamos tentar mostrar que o do segundo tipo, por excesso, por evaporação do sentido, foi o traço constitutivo e incessantemente agravado da cultura ocidental.

Numa primeira abordagem, o «co-nascimento» simbólico, definido triplamente como pensamento sempre indireto, como presença figurada da transcendência e como compreensão epifânica, surge nos antípodas da pedagogia do saber tal como o conhecimento foi instituído há dez séculos no Ocidente. Se, tal como O. Spengler(2), considerarmos, de modo plausível, o início da nossa civilização com a herança de Carlos Magno, reconhecemos que o Ocidente sempre opôs aos três critérios precedentes elementos pedagógicos violentamente antagónicos: à presença epifânica da transcendência, as igrejas irão opor dogmas e clericalismos; ao «pensamento indireto», os pragmatismos irão opor o pensamento direto, o «conceito» — quando não é o «preceito»; e, finalmente, perante a imaginação compreensiva, «mestra do erro e da falsidade», a ciência levantará longas sucessões de razões da explicação semiológica, assimilando aliás estas últimas às longas sucessões de «factos» da explicação positivista. De certo modo, estes famosos «três estados» sucessivos do triunfo da explicação positivista são os três estados da extinção simbólica.

São estes «três estados» do iconoclasmo ocidental que teremos de percorrer brevemente. Todavia, estes «três estados» não têm a mesma evidência iconoclasta e, para passar do mais evidente ao menos evidente, vamos inverter no nosso estudo o curso da história, tentando, para lá do iconoclasmo demasiado notório do cientificismo, regressar às raízes mais profundas deste grande cisma do Ocidente relativamente à vocação tradicional do conhecimento humano.

*

* *

A mais evidente depreciação dos símbolos que a história da nossa civilização nos apresenta é certamente a que se manifesta na corrente

(2) Spengler, O., *Le déclin de l'Occident*, I.

cientificista saída do cartesianismo. É certo que, como escreve de forma excelente um cartesiano contemporâneo([3]), isto não acontece porque Descartes recusa utilizar a noção do símbolo. Para o Descartes da Terceira Meditação, o único símbolo é a consciência, ela própria «à imagem e à semelhança» de Deus. Continua, portanto, a ser exato pretender que foi com Descartes que o simbolismo perdeu o seu direito de cidadania em filosofia. Mesmo um epistemólogo de um não-cartesianismo tão decidido como Bachelard([4]) escreve ainda, nos nossos dias, que os eixos da ciência e do imaginário são inicialmente inversos e que o científico deve, antes de mais, lavar o objeto do seu saber, através de uma «psicanálise objetiva», de todas as pérfidas sequelas da imaginação «deformadora». Foi bem o «reino»([5]) do algoritmo matemático que Descartes instaurou, e Pascal, matemático, católico e místico, não se enganou quando denunciou Descartes. O cartesianismo assegura o triunfo do «signo» sobre o símbolo. A imaginação, como aliás a sensação, é refutada por todos os cartesianos como a mestra do erro. É certo que, para Descartes, só o universo material é reduzido ao algoritmo matemático graças à famosa analogia funcional: o mundo físico é apenas forma e movimento, ou seja, *res extensa*, e, em seguida, qualquer figura geométrica *é apenas equação* algébrica.

Mas este *método de redução* às «evidências» analíticas pretende ser *o* método universal. Ele aplica-se precisamente, e em primeiro lugar em Descartes, ao «eu penso», derradeiro «símbolo» do ser, é certo, mas um símbolo formidável, dado que o pensamento, logo o método — isto é, o método matemático —, se torna o único símbolo do ser! O símbolo — cujo significante tem apenas a diafaneidade do signo — esbate-se pouco a pouco na pura semiologia, evapora-se, por assim dizer, metodicamente em signo. É por este meio que, com Malebranche e sobretudo Espinosa, o método redutor da geometria analítica será aplicado ao Ser absoluto, ao próprio Deus.

([3]) ALQUIÉ, F., «Conscience et signe dans la philosophie moderne et le cartésianisme», em *Polarité du symbole*, Desclée, 1960, p. 221.

([4]) Ver BACHELARD, G., *La formation de l'esprit scientifique.*

([5]) Ver GUÉNON, R., *Le règne de la quantité et le signe des temps.*

É certo que, com o séc. XVIII, se inicia uma reação contra o cartesianismo. Mas esta reação será apenas inspirada pelo empirismo escolástico de Leibniz e de Newton, pois veremos mais adiante que este empirismo é tão iconoclasta como o método cartesiano.

Todo o saber dos dois últimos séculos resumir-se-á a um método de análise e de medidas matemáticas marcado por uma preocupação de recenseamento e de observação no qual a ciência histórica encontrará a sua medida. Foi assim que se inaugurou a era da explicação cientificista que, no séc. XIX, sob as pressões da história e da sua filosofia, se desvia para o positivismo.([6])

Esta conceção «semiológica» do atual mundo será a conceção oficial das universidades ocidentais e, em especial, da universidade francesa, filha mais velha de Auguste Comte e neta de Descartes. Não só o mundo é passível de exploração científica, como *só* a exploração científica tem direito ao título desafeto de conhecimento. Durante dois séculos, a imaginação é violentamente anatematizada. Brunschvicg considera-a ainda como «pecado contra o espírito», enquanto Alain não consegue ver nela mais do que a infância confusa da consciência.([7]) Sartre só descobre no imaginário «nada», «objeto fantasma», «pobreza essencial».([8])

Na filosofia contemporânea realiza-se, sob o impulso cartesiano, uma dupla hemorragia do simbolismo: quer porque se reduz o *cogito* às «cogitações», e se obtém então o mundo da ciência em que o signo só é pensado como termo adequado de uma relação, quer porque se «quer tornar o ser interior à consciência»([9]), obtendo então fenomenologias viúvas de transcendência para as quais a coleção dos fenómenos deixa de se orientar para um polo metafísico, cessando tanto de evocar o ontológico como de o invocar, e só atingindo uma

---

([6]) Ver NORTHROP, F.S.C., *The Meeting of East and West*, p. 71 e segs., nas quais o autor compara este reino do algoritmo com a igualdade política na democracia de Locke, inspiradora dos teóricos franceses da Revolução.

([7]) Ver BRUNSCHVICG, *Héritage de mots, héritage d'idées*, p. 98. ALAIN, *Préliminaires à la mythologie*, p. 89 e segs. Ver GUSDORF, *Mythe et métaphysique*, p. 174.

([8]) SARTRE, *L'imaginaire*, pp. 82, 85, 91, 137, 174–175, etc.

([9]) ALQUIÉ, *op. cit.*, p. 223.

«verdade à distância, uma verdade reduzida»([10]). Em suma, podemos dizer que a denúncia das causas finais pelo cartesianismo e a redução do ser ao tecido das relações objetivas dela resultante liquidaram no significante tudo o que era sentido figurado, toda a recondução à profundidade vital do apelo ontológico.

Este iconoclasmo radical não se desenvolveu sem graves repercussões na imagem artística pintada ou esculpida. O papel cultural da imagem pintada é minimizado ao extremo num universo em que o poder pragmático do signo triunfa diariamente. Até Pascal afirma o seu desprezo pela pintura, prefaciando assim o abandono social a que é votado o «artista» pelo consenso ocidental, mesmo no decurso da revolta artística do romantismo. O artista, como o ícone, deixa de ter lugar numa sociedade que eliminou pouco a pouco a função essencial da imagem simbólica. Na sequência das vastas e ambiciosas alegorias do Renascimento, vemos também a arte dos séculos XVII e XVIII ser minimizada em puro «divertimento», em puro «ornamento». A própria imagem pintada, tanto na alegoria temperada de Le Sueur, como na alegoria política de Lebrun e de David, ou na «cena típica» do século XVIII, já não procura *evocar*. Desta recusa da evocação nasce o ornamentalismo académico que, dos epígonos de Rafael a Fernand Léger, passando por David e pelos epígonos de Ingres, reduz o papel do ícone ao da decoração. Mesmo nas suas revoltas românticas e impressionistas contra esta condição desvalorizada, a imagem e o seu artista nunca irão atingir, nos tempos modernos, o poder de significação plena que possuem nas sociedades iconófilas, na Bizâncio macedónica como na China dos Song. E na anarquia pululante e vingativa das imagens que subtilmente varre e submerge o século XX, o artista procura desesperadamente ancorar a sua evocação para lá do deserto cientificista da nossa pedagogia cultural.

*

* *

Se recuarmos alguns séculos para lá do cartesianismo, vislumbramos uma corrente ainda mais profunda de iconoclasmo, corrente

([10]) RICOEUR, P., *op. cit.*, p. 70.

que a mentalidade cartesiana([11]) repudiará, ainda que muito menos do que se afirmou. Esta corrente é veiculada, do século XIII ao século XIX, pelo conceptualismo aristotélico ou, mais exatamente, pelo desvio ockhamista e averroísta deste último. A Idade Média ocidental retoma, por sua conta, a velha querela filosófica da Antiguidade clássica. O platonismo, tanto greco-latino como alexandrino, é, muito ou pouco, uma filosofia da «cifra» da transcendência, ou seja, implica uma simbólica. É certo que, a nosso ver, dez anos de racionalismo corrigiram os diálogos do discípulo de Sócrates, onde já só lemos as premissas da dialética e da lógica de Aristóteles, ou mesmo do matematismo de Descartes.([12]) Mas a utilização sistemática do simbolismo mítico, ou mesmo do trocadilho etimológico, no autor do *Banquete* ou do *Timeu*, basta para nos convencer de que o grande problema platónico era bem o da recondução([13]) dos objetos sensíveis ao mundo das ideias, o da «reminiscência» que, longe de ser uma memória vulgar, é, pelo contrário, uma imaginação epifânica.

No ponto extremo da aurora medieval, é ainda uma doutrina semelhante que João Escoto Eriúgena irá defender: tornando-se Cristo o princípio desta *reversio*, inversa da *creatio*, através da qual se efetuará a divinização, *deificatio*, de todas as coisas.([14]) Mas a solução adequada do problema platónico é, afinal, a gnose valentiniana que a propõe, nesse longínquo pré-Ocidente dos primeiros séculos da era cristã. À questão que preocupa o platonismo — «Como conseguiu o Ser sem raiz e sem ligação chegar às coisas?»([15]), colocada pelo

---

([11]) Gilson mostrou como Descartes era herdeiro da problemática e dos conceitos peripatéticos; ver *Discours de la méthode*, notas críticas de Gilson, E., edições Vrin [*Discurso do Método*, Edições 70].

([12]) Ver Brunschvicg, L., *L'expérience humaine et la causalité physique.*

([13]) Corbin, H. (*op. cit.*, pp. 17–18) mostrou que o islão oriental xiita, especialmente com Ibn Arabi, dito *Ibn Aflatûn*, «filho de Platão», foi mais protegido do que o Ocidente cristão da vaga peripatética do averroísmo, conservando assim intacta esta doutrina da recondução, o *ta'wîll* e os privilégios da imaginação epifânica (*alam al-mithâl*).

([14]) Ver Cappuyne, M., *Jean Scot Érigène, sa vie, son œuvre, sa pensée*, Lovaina, 1933.

([15]) Título do Livro XIII dos *Commentaires des Evangiles*, de Basilides. Ver Sagnard, F., *La gnose valentinienne et le témoignage de saint Irénée*,

alexandrino Basilides —, Valentino responde por meio de uma angelologia, uma doutrina dos anjos intermediários, os éones que são os modelos eternos e perfeitos do mundo imperfeito porque *separado*, enquanto a reunião dos éones constitui a Plenitude (o Pleroma).

Estes anjos que se encontram noutras tradições orientais são, como mostrou Henry Corbin([16]), o próprio critério de uma ontologia simbólica. *São símbolos da própria função simbólica*, que é — como eles! — *mediadora* entre a transcendência do significado e o mundo manifesto dos signos concretos, encarnados, que se tornam símbolos através dela.

Ora, esta angelologia, constitutiva de uma doutrina do sentido transcendente veiculado pelo humilde símbolo, extrema consequência de um desenvolvimento histórico do platonismo, vai ser repelida em nome do «pensamento direto» pela crise dos universos que o conceptualismo aristotélico abre no Ocidente. Conceptualismo cada vez mais carregado de empirismo, ao qual, no seu conjunto, o Ocidente será fiel durante cinco a dez séculos pelo menos (se dermos por encerrada a era peripatética em Descartes, sem ter em conta o conceptualismo kantiano ou o positivismo de Comte...).([17]) O aristotelismo medieval, nomeadamente o proveniente de Averróis, do qual se reclamaram Siger de Brabante e Ockham, é a apologia do «pensamento direto»([18]) contra todos os prestígios do pensamento

---

Paris, Vrin, 1947. Ver Hutin, S., *Les gnostiques*, p. 40: «Estas entidades meio abstratas, meio concretas, movem-se num domínio *intermédio* [o sublinhado é nosso] entre a realidade e o mito.»

([16]) Corbin, H., *op. cit.*, p. 16.

([17]) Pode parecer estranho querer reabsorver uma parte do positivismo na idade «metafísica» do peripatetismo. No entanto, o próprio Comte se apoia explicitamente em Aristóteles: ele vê no conceptualismo biológico do Estagirita o próprio *modelo* da série constitutiva dos famosos três estados: a série «este artifício biológico, gradualmente elaborado desde Aristóteles... para instituir uma imensa escala destinada a ligar o homem ao vegetal...» (*Cathéch. positiviste*, p. 128, ed. Péchut.) Não podemos dizer melhor: o modo de ligação, bem positivo, é o do vegetal ao homem, e não o de Platão, do homem à ideia através do termo simbólico.

([18]) Sobre G. de Ockham, ver Baudry, L., *Le Tractatus de principiis theologiae attribué à G. d'Ockham*, Vrin, 1936; ver Gilson, E., *La philosophie au*

indireto. O mundo da perceção, o sensível, deixa de ser o mundo da intercessão ontológica onde se epifaniza um mistério, como acontecia com João Escoto Eriúgena ou com São Boaventura. É um mundo material, o do lugar próprio, separado de um motor imóvel tão abstrato que não merece o nome de Deus. A «física» de Aristóteles, que a Cristandade irá adotar até Galileu, é a física de um mundo desafeiçoado, combinatória de qualidades sensíveis que só reconduzem ao sensível ou à ilusão ontológica que batiza com o nome de *ser* a cópula que une um sujeito a um atributo. O que Descartes irá denunciar nesta física de primeira instância não é a sua positividade, mas a sua precipitação.

É certo que, para o conceptualismo, a ideia possui bem uma realidade *in re*, na coisa sensível donde o intelecto vai extraí-la, mas ela só conduz a um conceito, a uma definição terra a terra *que se proclama sentido próprio*, deixando de reconduzir, de impulso meditativo em impulso meditativo como a ideia platónica, ao sentido transcendente supremo que está «além do ser em dignidade e em poder». Sabemos com que facilidade este conceptualismo irá esbater-se no nominalismo de Ockham. Os comentadores dos tratados de física peripatética não estão de modo algum errados([19]) quando opõem as *historiai* (as inquirições) aristotélicas, tão próximas no seu espírito da entidade «historiadora» do positivismo moderno, às *mirabilia* (os acontecimentos raros e maravilhosos), ou então às *idiotes* (acontecimentos singulares) de todas as tradições herméticas. Estas últimas procediam por relações «simpáticas», por homologias simbólicas.([20])

Moyen Âge. Sobre Averróis, ver Gauthier, L., *Accord de la religion et de la philosophie. Traité d'Ibn Rochd*, traduzido para francês e anotado, Argel, 1905; Mandonell, P., *Siger de Brabant et l'averroïsme latin au XIIIe siècle*, Lovaina, 1908–1911.

([19]) Ver Festuguière, P., *La révélation d'Hermes Trismégiste*, I, p. 194: «E na medida em que os antigos, incluindo os Bizantinos e depois a Idade Média, tiveram alguma ideia do método científico, devem-no ao Estagirita ou à longa linhagem dos seus comentadores, de Alexandre de Afrodísias a Filopono.»

([20]) *Ibid.*, pp. 196–197, sobre a literatura «simpática» de Bolo de Mendes, autor de *Traité des sympathies et antipathies.*

Este deslizar para o mundo do realismo percetivo, onde o expressionismo — ou mesmo o sensualismo — substitui a evocação simbólica, é dos mais visíveis na passagem da arte românica para a arte gótica. A primavera românica viu florescer uma iconografia simbólica herdada do Oriente, mas esta primavera foi mais breve relativamente aos três séculos de arte «ocidental», de arte dita gótica.([21]) A arte românica é uma arte «indireta», com muito de evocação simbólica, em comparação com a arte gótica, tão «direta», cujo prolongamento natural será a pintura flamejante e renascentista. O que transparece na encarnação escultural do símbolo românico é a glória de Deus e a sua vitória sobre-humana sobre a morte. O que a estatuária gótica mostra cada vez mais são os sofrimentos do homem-Deus.([22])

Enquanto o estilo românico, ainda que com menos continuidade do que Bizâncio([23]), conserva uma arte do ícone que assenta no princípio teofânico de uma angelologia, a arte gótica surge no seu processo como o próprio tipo do iconoclasmo *por excesso*: acentua a tal ponto o significante que desliza do ícone para a imagem muito naturalista, perdendo esta o seu sentido sagrado e tornando-se simples ornamento realista, simples «objeto de arte». Paradoxalmente, é menos o purismo austero de São Bernardo que é iconoclasta do que o realismo estético dos góticos alimentados pela escolástica peripatética de São Tomás. É certo que esta depreciação do «pensamento indireto» e da evocação angélica que lhe está intimamente ligada através do bom senso terra-a-terra da filosofia aristotélica e do averroísmo latino não se realizará num só dia. Haverá as resistências mal

([21]) Ver Male, E., *L'art religieux du XIIe siècle en France*; ver Davy, M., *Essai sur la symbolique romane*, e Beigbeder, O., *L'iconographie religieuse des pays entre Rhône et Loire.*

([22]) A arte românica, especialmente a das regiões cátaras, seria facilmente suspeita de «docetismo», heresia que leva a crer que Cristo não foi realmente de carne e osso. Para Basilides, como para Valentino, e mais tarde os cátaros, a crucificação de Jesus é um escândalo, e a cruz, objeto de repulsa (ver Valentino, citado por Clemente de Alexandria, *Stromates*, III, 6, 59).

([23]) O cisma só data de 1054 e só será realmente consumado na aurora do século xiii, com o saque de Constantinopla pelos Cruzados (1204).

dissimuladas: o florescimento da cortesia, do culto do amor platónico dos *Fedeli d'Amore*, o renascimento franciscano do simbolismo com São Boaventura.([24]) É necessário assinalar também que no realismo de certos artistas, por exemplo de Memling e mais tarde de Bosch, transparece uma mística oculta que transfigura a minúcia trivial da visão.([25]) Mas não é menos verdade que o regime de pensamento que o Ocidente «fáustico» do século XIII adota, ao fazer do aristotelismo a filosofia oficial da cristandade, é um regime que privilegia o «pensamento direto» em detrimento da imaginação simbólica e dos modos de pensamento indireto.

No século XIII, as artes e a consciência deixam de ter a ambição de reconduzir a um sentido, preferindo «copiar a natureza».([26]) O conceptualismo gótico pretende ser um realismo que decalca as coisas tal como são. A imagem do mundo, quer seja pintada, esculpida ou pensada, *desfigura-se* e substitui o sentido da Beleza e a invocação do Ser pelo maneirismo do bonito ou pelo expressionismo dos pavores da fealdade. Podemos escrever que se o cartesianismo e o cientificismo dele resultante eram um iconoclasmo por defeito e desprezo generalizado da imagem, o iconoclasmo peripatético é o tipo de iconoclasmo por excesso: no símbolo, despreza o significado para só se ligar à epiderme do sentido, ao significante. Toda a arte, toda a imaginação são colocadas exclusivamente ao serviço do desejo fáustico e conquistador da cristandade. É certo que a consciência do Ocidente tinha sido preparada, ainda mais profundamente, para este

---

([24]) Convém sublinhar aqui o contraste que ao longo dos séculos irá opor o pensamento franciscano, de obediência platónica, ao pensamento dominicano, que se tornará o bastião do tomismo. É certo que Eckhart foi dominicano, mas um dominicano condenado pela sua ordem...

([25]) É preciso assinalar que esta transfiguração do realismo se efetua nos países do Norte da Europa menos «romanos», e onde se desenvolve a Reforma. O realismo de Caravaggio e de Ribera manter-se-á no simples nível do expressionismo.

([26]) A poética de Aristóteles, que será a bíblia da estética ocidental antes do romantismo, assenta essencialmente na noção de *imitação*. A imitação é apenas a degeneração extrema da redundância: quando figura Cristo, o ícone bizantino repete incansavelmente a Santa Face, enquanto Grunewald ou até Van der Weyden se limitam a copiar um modelo humano, demasiado humano.

papel ornamentalista por uma corrente de iconoclasmo mais primitiva e mais fundamental que teremos de examinar agora.

*

* *

O racionalismo, aristotélico ou cartesiano, detém a imensa vantagem de se pretender universal por partilha individual do «bom senso» ou do «senso comum». O mesmo não acontece com as imagens: elas estão submetidas a um *acontecimento*, a uma situação histórica ou existencial que lhes dá cor. É por isso que uma imagem simbólica precisa constantemente de ser revivida, um pouco como um trecho de música ou um herói de teatro precisam de um «intérprete». E o símbolo, como qualquer imagem, é ameaçado pelo regionalismo do significado e corre o risco de se transformar em cada instante naquilo a que R. Alleau chama ajuizadamente um «sintema»([27]), por outras palavras, uma imagem que, antes de mais, tem por função um reconhecimento social, uma segregação convencional. Poderemos dizer que se trata aqui de um símbolo reduzido ao seu poder sociológico. Qualquer «convenção», ainda que animada das melhores intenções de «defesa simbólica» é fatalmente dogmática.([28]) No plano da recondução ontológica e da vocação pessoal, produz-se uma degenerescência que o pastor Bernard Morel distingue bastante bem([29]): «A teologia latina traduziu a palavra grega "mistério" por "sacramento", mas a palavra latina não abrange toda a riqueza da palavra grega. Existe no mistério grego uma *abertura ao céu*, um *respeito do inefável*, um *realismo espiritual*, uma *força na exultação*([30]), que não exprimem a moderação lógica e concisão jurídica do sacramentalismo romano.» Estas virtudes de abertura sobre a transcendência no seio da livre imanência vão ser perdidas pela imagem simbólica. Tornando-se sintema, ela funcionaliza-se; teríamos quase vontade de dizer, relativamente

---

([27]) ALLEAU, R., *De la nature des symboles.*

([28]) Ver MOREL, B., *Le signe et le sacré*, p. 186: «Les conventions sacramentaires.»

([29]) *Op. cit.*, p. 23.

([30]) O sublinhado é nosso.

aos clericalismos que vão defini-la, que se torna funcionária. A imagem simbólica, ao encarnar-se numa cultura e numa linguagem cultural, corre o risco de se esclerosar em dogma e em sintaxe. É neste ponto que a escrita ameaça o espírito quando a poética profética é suspeita e amordaçada. É verdade que um dos grandes paradoxos do símbolo é ser apenas expresso por uma «escrita» mais ou menos sintemática. Mas a inspiração simbólica pretende ser prevenção do espírito para lá da escrita sob pena de morte. Ora, toda a Igreja é funcionalmente dogmática, está institucionalmente do lado da escrita. Uma Igreja, como corpo sociológico, «corta o mundo em dois: os fiéis e os sacrílegos»([31]), especialmente a Igreja romana que, no momento culminante da sua história, agarrando com mão firme o gume dos «dois gládios», não poderá admitir a liberdade de inspiração da imaginação simbólica. Como já dissemos, a virtude essencial do símbolo é assegurar no seio do mistério pessoal a própria presença da transcendência. Esta pretensão surge num pensamento de igreja como uma porta aberta ao sacrilégio. Quer o legalismo religioso seja farisaico, sunita ou «romano», defronta-se sempre, fundamentalmente, com a afirmação de que existe para cada individualidade espiritual uma «inteligência que age separadamente, o seu Espírito Santo, o seu *Senhor pessoal*, ligando-o ao Pleroma sem qualquer outra mediação».([32]) Por outras palavras, no processo simbólico puro, o Mediador, Anjo ou Espírito Santo([33]) é pessoal, emana de certo modo do exame livre, ou melhor, da livre exultação, escapando assim a qualquer formulação dogmática imposta do exterior. A ligação da

---

([31]) Morel, B., *op. cit.*, p. 32.

([32]) Corbin, H., *op. cit.*, p. 160, mostra bem a ligação entre a heresia gnóstica e o simbolismo quando escreve: «É possível distinguir na oposição que ocasionou a queda do avicenismo latino... razões iguais às que motivaram os esforços da grande Igreja, nos primeiros séculos, para eliminar a gnose. Contudo, esta eliminação assegurou antecipadamente, com todas as suas implicações, a vitória do averroísmo.»

([33]) Ver Morel, B., *op. cit.*, p. 193, que define o Espírito Santo como uma inserção *pessoal* da energia divina: «É necessário admitir um ponto de incidência da energia divina no organismo humano, a menos que se faça coexistir dois tipos de vida heterogéneos na mesma pessoa.»

pessoa com o Absoluto ontológico, por intermédio do seu anjo, escamoteia mesmo a segregação sacramental da Igreja.([34]) Como no platonismo, especialmente no platonismo valentiniano, sob a capa da angelologia, existe *relação pessoal com o Anjo do Conhecimento e da Revelação*.([35])

Todo o simbolismo é, pois, uma espécie de gnose, portanto, um processo de mediação por meio de um conhecimento concreto e experimental.([36]) Como uma determinada gnose, o símbolo é um «conhecimento beatificante», um «conhecimento salvador» que, previamente, não tem necessidade de um intermediário social, isto é, sacramental e eclesiástico. Mas esta gnose, porque concreta e experimental, terá sempre tendência a figurar o anjo dentro dos mediadores pessoais do segundo grau: profetas, messias e, sobretudo, a mulher. Para a gnose propriamente dita, os «anjos supremos» são Sofia, Barbelo, Nossa Senhora do Espírito Santo, Helena, etc., cuja queda e salvação representam as próprias esperanças da via simbólica: a recondução do concreto ao seu sentido iluminador. Porque a Mulher,

---

([34]) A Igreja ortodoxa oficializa, no entanto, esta ligação pessoal no sacramento do crisma (*myron*) que faz de todo o confirmado um «Portador do Espírito Santo» (*pneumatophore*). A Igreja ortodoxa insiste também na confirmação individual do Pentecostes: «línguas de fogo... pousaram em cada um deles...», ver Clément, O., *op. cit.*, pp. 81 e 82.

([35]) Corbin, H., *op. cit.*, p. 16. Aliás, o autor sublinha um notável paralelismo entre as perseguições da Igreja romana em relação às seitas místicas — gnósticos, cátaros, etc. — e as do islão sunita em relação à mística sufi.

([36]) Escrevemos «uma espécie de gnose», porque a gnose propriamente dita é um processo bastardo de racionalismo e de dogmatismo defensivo, como bem viu Ricoeur, P. (*Finitude et culpabilité*, p. 156): «A gnose é o que recolhe e desenvolve o momento etiológico do mito.» Todavia, o que H. C. Puech escreve sobre a gnose pode perfeitamente aplicar-se ao conhecimento simbólico: «Chama-se ou pode chamar-se gnosticismo — e também gnose — qualquer doutrina ou atitude religiosa baseada na teoria ou na experiência interna, chamada a tornar-se estado inamissível... através da qual, no decurso de uma iluminação, o homem se reassume na sua verdade, torna a recordar-se de si... e, por essa via, se conhece ou se reconhece em Deus...», Puech, H. C., «Phénoménologie de la gnose», em *Annales du Collège de France*, n.º 53, pp. 168-169. Ver Petrement, S., *Le dualisme chez Platon, les gnostiques et les manichéens*, Presses Universitaires de France, 1947.

como os Anjos da teofania plotiniana, possui, ao contrário do homem, uma dupla natureza que é a dupla natureza do próprio *symbolon*: *criadora* de um sentido e ao mesmo tempo *recetáculo* concreto desse sentido. A feminidade é a única mediadora porque simultaneamente «passiva» e «ativa». Foi o que Platão já tinha expressado, é o que exprime tanto a figura judia da Shekinah como a figura muçulmana de Fátima.([37]) A Mulher é, pois, como o Anjo, o símbolo dos símbolos, tal como aparece na mariologia ortodoxa sob a figura da Teotokos, ou na liturgia das Igrejas cristãs, que se comparam facilmente, como intermediária suprema, como «Esposa».([38])

Ora, é significativo que todo o misticismo do Ocidente venha banhar-se nestas fontes platónicas. Santo Agostinho nunca renegou completamente o neoplatonismo. E foi Escoto Eriúgena que introduziu no Ocidente, no século IX, os escritos de Dionísio, o Areopagita.([39]) Bernard de Clairvaux, como o seu amigo Guillaume de Saint-Thierry, como Hildegarda de Bingen([40]), são todos familiares da anamnese platónica. Mas perante esta transfusão do misticismo, a Igreja vigia funcionalmente com suspeição.

Chegamos aqui ao fator mais importante do iconoclasmo ocidental, porque a atitude dogmática implica uma recusa categórica do ícone como abertura espiritual por uma sensibilidade, uma epifania de comunhão *individual*. Para as Igrejas orientais, o ícone é, na verdade, pintado segundo meios canonicamente fixados, e fixados,

---

([37]) Não só o Amor (Eros) é em Platão o protótipo do intermediário (*Banquete*, 203 b-e), que a iconografia antiga apresenta como um *daimon* alado, como também (*Timeu*, 480 e segs.) coloca entre o modelo inteligível e o mundo sensível um misterioso intermediário: «O Recetáculo», «A Ama», «A Mãe»... Ver as ressurgências platónicas na *Madonna intelligenza* dos platónicos da Idade Média e na figura de Fátima-Criação do sufismo, em CORBIN, H., *op. cit.*, p. 119 e segs. Sobre a Shekinah, ver VADJA, G., *Juda ben Nissim ibn Malka, philosophe juif marocain.*

([38]) Ver MOREL, B., *op. cit.*, p. 210.

([39]) «Des noms divins», «De la théologie mystique», «De la hiérarchie céleste» (Ver *Oeuvres Complètes*, ed. M. de Gandillac), títulos significativos que remetem tanto para a doutrina judaica dos nomes divinos como para a angelologia oriental.

([40]) Ver LEISEGANG, *La gnose*, p. 25 e segs.

segundo parece, de modo mais rígido do que na iconografia ocidental. Mas não deixa de ser verdade que o culto dos ícones utiliza plenamente o duplo poder de recondução e de epifania sobrenatural do símbolo. Só a Igreja ortodoxa, aplicando plenamente as decisões do VII Concílio ecuménico, que prescreve a veneração dos ícones, dá totalmente à imagem o papel sacramental da «dupla dependência», o que implica que, por meio da imagem, do significante, as relações entre o significado e a consciência de adoração «não sejam puramente convencionais, mas radicalmente íntimas».([41]) Só então se revela o papel profundo do símbolo: ele *é «confirmação» de um sentido a uma liberdade pessoal.* É por isso que o símbolo não pode explicitar-se: a alquimia da transmutação, da transfiguração simbólica só pode, em última instância, efetuar-se na experiência de uma liberdade. E o poder poético do símbolo define a liberdade humana melhor do que qualquer especulação filosófica: esta última obstina-se a ver na liberdade uma escolha objetiva, quando na experiência do símbolo demonstramos que a liberdade é *criadora* de um sentido: ela é *poética de uma transcendência* no seio do sujeito mais objetivo, do mais implicado no acontecimento concreto. Ela é o motor da simbólica. É a Asa do Anjo.([42])

Henri Gouhier escreve algures que a Idade Média se extingue quando desaparecem os anjos. Podemos acrescentar que uma espiritualidade concreta é encoberta quando os ícones perdem o seu destino e são substituídos pela alegoria. Ora, nas épocas de recuperação

---

([41]) Ver Morel, B., *op. cit.*, p. 195 e segs.: «As submissões litúrgicas.» Ver Clément, O., *op. cit.*, p. 107: «O Cristo não é apenas o Verbo de Deus, mas a sua imagem. A encarnação é a base do ícone e o ícone prova a Encarnação... A graça divina assenta no ícone.» Este papel de intermediário que o ícone desempenha é simbolizado pela própria iconóstase que, no seu centro, representa sempre a *Deesis* (a intercessão) figurada pela Virgem e São João, os dois grandes intercessores.

([42]) É por isso que, nos gregos, a iconografia e a própria etimologia da «alma» fazem desta uma filha do ar, uma filha do vento. A alma é alada como a Vitória, e quando Delacroix pinta a *Liberdade* no topo da barricada, ou quando Rude esculpe no Arco do Triunfo, estão a reencontrar espontaneamente o voo da *Vitória de Samotrácia.*

dogmática e de endurecimento doutrinal, no apogeu do poder papal sob Inocêncio III ou após o Concílio de Trento, a arte ocidental é essencialmente alegórica. A arte católica romana é uma arte ditada pela formulação conceptual de um dogma. Não reconduz a uma iluminação, «ilustra» simplesmente as verdades da Fé dogmaticamente definidas. Dizer que a catedral gótica é uma «bíblia de pedra» não implica de modo algum que em relação a ela seja tolerada qualquer interpretação livre, que a Igreja recusa para a própria Bíblia escrita. Esta expressão significa simplesmente que a escultura, o vitral, o fresco, são ilustrações da interpretação dogmática do Livro. Se a grande arte cristã se confunde com a arte bizantina e a arte românica (que são artes do ícone e do símbolo), a grande arte católica (arte que sustenta toda a sensibilidade estética do Ocidente) confunde-se com o «realismo» e o ornamentismo gótico como com o ornamentismo e o expressionismo barroco. O pintor do «triunfo da Igreja» é Rubens, não Andrey Rublev ou mesmo Rembrandt.

*

* *

Assim, na aurora do pensamento contemporâneo, no instante em que a Revolução Francesa vai acabar de desarticular os suportes culturais da civilização do Ocidente, percebe-se que o iconoclasmo ocidental sai consideravelmente reforçado de seis séculos de «progresso da consciência». Porque, se o dogmatismo da escrita, o empirismo do pensamento direto e o cientificismo semiológico são iconoclasmos divergentes, o seu efeito comum não deixa de se ir reforçando ao longo da história. De tal modo que é esta acumulação dos «três estados das nossas conceções principais» que A. Comte vai notar([43]) e que vai fundar o positivismo do século XIX. Porque o positivismo que Comte destaca do balanço da história ocidental do pensamento é simultaneamente dogmatismo «ditatorial» e «clerical», pensamento direto ao nível dos «factos reais» por oposição às

([43]) Ver COMTE, A., *Cours de philosophie positive*, 1.ª lição.

«quimeras», e legalismo cientificista.([44]) Para retomar uma expressão que Jean Lacroix([45]) aplica ao positivismo de Auguste Comte, poderíamos dizer que a «redução» progressiva do campo simbólico conduz, no despontar do século XIX, a uma conceção e a um papel excessivamente «acanhado» do simbolismo. Podemos justamente interrogar-nos se estes «três estados», que são os estados do progresso da consciência, não são três etapas da obnubilação e sobretudo da alienação do espírito. Dogmatismo «teológico», conceptualismo «metafísico» com os seus prolongamentos ockhamistas e, finalmente, semiologia «positivista», são apenas uma extinção progressiva do poder humano de relação com a transcendência, do poder de mediação natural do símbolo.

([44]) Ver Comte, A., *Système de politique positive.* Ver Lacroix, J., *La sociologie d'Auguste Comte*, e a importantíssima e monumental obra de Gouhier, H., *La jeunesse d'Auguste Comte et la formation du positivisme* (3 vols.).

([45]) Lacroix, J., *op. cit.*, p. 103; ver p. 108: «O positivismo é a filosofia que, no mesmo movimento, suprime Deus e clericaliza todo o pensamento»; p. 110: «Só se escapa à tirania política para cair no despotismo espiritual.»

Capítulo II

As hermenêuticas redutoras

«Analisar intelectualmente um símbolo é descascar uma cebola para encontrar a cebola.»

PIERRE EMMANUEL
Considération de l'extase

O nosso tempo retomou a consciência da importância das imagens simbólicas na vida mental, graças à contribuição da patologia psicológica e da etnologia. Ambas parecem ter subitamente revelado, recordado ao indivíduo normal e civilizado, que toda uma parte da sua representação confinava singularmente com as representações do neurótico, do delírio ou dos «primitivos». Os métodos que comparam a «loucura» com a razão sã, a lógica eficaz do civilizado com as mitologias dos «primitivos», tiveram o imenso mérito de chamar a atenção científica para o denominador comum da comparação: o reino das imagens, o mecanismo através do qual se associam os símbolos e a investigação no sentido mais ou menos vedado das imagens, ou hermenêutica.

Mas se a psicanálise, como a antropologia social, redescobre a importância das imagens e rompe revolucionariamente com oito séculos de recalcamento e de coerção do imaginário, estas doutrinas só descobrem a imaginação simbólica para tentar integrá-la na sistemática intelectualista em vigor, para tentar *reduzir* a simbolização a um simbolizado sem mistérios. São estes processos de redução do simbolizado a dados científicos e do símbolo ao signo que precisamos de estudar agora e, em primeiro lugar, no sistema da psicanálise.

*

* *

«O tão famoso freudismo é uma arte de inventar em cada homem um animal temível, segundo signos perfeitamente ordinários...!»

ALAIN
Éléments de philosophie

É-nos indispensável resumir muito grosseiramente o que constitui a armadura da doutrina freudiana para melhor fazer compreender qual é a conceção redutora do método psicanalítico.(1)

O primeiro princípio de Freud é que existe uma *causalidade especificamente psíquica*, por outras palavras, que incidentes psíquicos, ou mesmo fisiológicos, não têm forçosamente uma origem orgânica. Daí resulta, sobretudo, que um determinismo reina tão estritamente no universo psíquico como no universo material.(2)

O segundo princípio de Freud, que decorre do exercício deste esforço terapêutico para exumar as causas psíquicas, cujos efeitos significativos são as neuroses, é que existe um *inconsciente psíquico*, reservatório concreto de toda a biografia do indivíduo, conservatório de todas as causas psíquicas «esquecidas».

O terceiro princípio é que existe uma causa para o apagamento, para o próprio esquecimento. É a *censura*, ou seja, uma oposição, um interdito social, na maioria dos casos parental, que é a verdadeira

(1) É necessário fazer referência aos escritos do próprio FREUD, em especial: *Introduction à la psychanalyse*, Payot, 1926; *L'interprétation des rêves*, Presses Universitaires de France, 1967; *Essais de psychanalyse*, Payot, 1936. Podemos também consultar as duas obras monumentais: JONES, E., *La vie et l'œuvre de S. Freud*, 3 tomos, Presses Universitaires de France, e DALBIEZ, R., *La méthode psychanalytique et la doctrine freudienne*, 2 vols., Desclée de Brouwer, 1949.

(2) Sobre a negação da liberdade por FREUD, ver *Introduction à la psychanalyse*, pp. 38–59.

causa ocasional da emergência do efeito neurótico. A censura *recalca* no inconsciente o que ela marca como interdito.([3])

O quarto princípio, ou causa geral da vida psíquica, é a invencível pulsão que a censura combate sem nunca a vencer: *a tendência sexual* ou *libido*. Ora, esta tendência sexual não é uma aquisição da puberdade, ela é preexistente na infância em estados pré-sexuais, nos quais a sexualidade existe sem instrumento, ou mesmo sem objeto. A libido quer satisfazer sempre a sua irreprimível necessidade, apresenta-se como excitação erógena e a finalidade que visa é sempre a supressão da excitação. Ora, as censuras vêm frustrar esta satisfação sem por isso atingir o dinamismo da libido, daí resultando um quinto princípio, decisivo para a nossa questão.

A pulsão recalcada no inconsciente por um interdito mais ou menos brutal e através de acontecimentos mais ou menos traumatizantes vai satisfazer-se por vias *tortuosas*. É então que a satisfação direta da pulsão *se aliena, travestindo-se em «imagens»*, e em imagens que guardam a marca dos estádios da evolução libidinosa da infância. Em particular, as imagens do sonho são significativas da libido e das suas aventuras infantis. O essencial do método terapêutico da psicanálise consistirá em partir destes fantasmas aparentemente absurdos na sua origem biográfica profunda, escondida por uma censura tenaz no mais secreto do inconsciente. A *imagem*, o fantasma, *é símbolo de uma causa conflitual que opôs*, num passado biográfico muito recuado — geralmente durante os cinco primeiros anos da vida —, *a libido e as contrapulsões da censura*. Assim, a imagem é sempre significativa de um bloqueio da libido, isto é, de uma regressão afetiva.

Partindo desta axiomática, a noção de *símbolo* sofre em Freud uma dupla redução a que corresponde o duplo método que Roland Dalbiez pôs magistralmente em evidência no freudismo: o método associativo e o método simbólico. Em primeiro lugar, através da natureza determinada que reúne sempre um efeito psíquico (por exemplo, as imagens de um sonho) à causa suprema do psiquismo,

---

([3]) Simplificamos consideravelmente o pensamento de Freud. Até cerca de 1920, Freud concebe o conflito neurótico como resultado da confrontação da «pulsão do eu» com a «libido sexual», ver LAGACHE, *La psychanalyse*, p. 27.

ou seja, a libido, o símbolo reconduzirá sempre, em última instância, à sexualidade, a uma sexualidade imatura, dado que insatisfeita. Foi esta tendência fatal que Freud denominou de pansexualismo. Todas as imagens, todos os fantasmas, todos os símbolos *reduzem-se* a alusões metafóricas dos órgãos sexuais masculino e feminino. A infância e as etapas da maturação sexual seriam o reservatório causal de todas as manifestações da sexualidade, de todo o polimorfismo([4]) das satisfações sexuais. Ora, como assinala Dalbiez([5]), é a estreiteza e a rigidez do determinismo que permite reduzir qualquer imagem ao seu modelo sexual; o erro de Freud foi ter confundido «causalidade» e «associação» com semelhança ou continuidade, foi ter constituído como causa necessária e suficiente do fantasma o que era apenas um acessório associado no polimorfismo do símbolo. Não só Freud reduz a imagem a um simples espelho vergonhoso do órgão sexual, como também reduz ainda mais profundamente a imagem a um mero espelho de uma sexualidade mutilada, *semelhante* aos modelos fornecidos pelas etapas de maturação sexual da infância. A imagem está, pois, maculada de anomalia, entalada que está entre dois traumas: o trauma do adulto que provoca a regressão neurótica e o trauma da infância que fixa a imagem num plano biográfico de «perversidade».([6]) O método associativo — no qual a associação não possui qualquer liberdade — confundido com a procura estritamente determinista de uma causalidade — e neste caso de uma única causa — só pode reduzir-se de associação em associação, e o aparecimento anódino e fantasista de uma imagem só pode ser o efeito necessário da causa primeira e das suas transformações: a libido e os seus incidentes biográficos. Mas há algo ainda mais grave do que esta redução empobrecedora do símbolo a um sintoma sexual: Dalbiez([7]) assinala que Freud utiliza a palavra símbolo no sentido de *efeito-signo*, o que reduz o campo infinitamente aberto do

---

([4]) Ver Freud, *Ma vie et la psychanalyse*, p. 158.

([5]) Dalbiez, R., *op. cit.*, II, 267.

([6]) Ver Freud, «Fragment d'une analyse d'hystérie», em *Revue de Psychanalyse*, t. II, n.º l, pp. l e 112.

([7]) Dalbiez, R., *op. cit.*, II, p. 124.

simbolismo tal como nós o definimos no início deste trabalho: «Um ser tem, portanto, uma infinidade de símbolos([8]), mas ele só pode ter um número limitado de efeitos e de causas[.]» «O simbolismo psicanalítico constitui exatamente o sentido oposto do simbolismo ordinário.»

A partir daí, assistimos a uma série de «reduções» psicanalíticas: enquanto o comum dos mortais considera que Minerva sai do crânio de Júpiter([9]) como o símbolo, ou pelo menos a alegoria, da origem divina da sabedoria, o psicanalista, igualizando Minerva e a Sabedoria na desconcretização, e segundo a estrita necessidade da causalidade, considera a Sabedoria como o símbolo — ou melhor, o índice-efeito — de Minerva. Assim, após uma primeira redução do simbolismo a uma pura representação associativa, em nome do princípio linear de causalidade, inverte-se o sentido comum do símbolo: o simbolizante é logicamente *igualado* ao simbolizado e pode-se então, por uma operação de reversibilidade, substituir um pelo outro.

Em segundo lugar, de redução em redução, a saída de Minerva do crânio de Júpiter é «reduzida» por sua vez à representação do nascimento pela vulva... só falta dar mais um passo para que a emergência da sabedoria não seja mais do que o efeito-signo do vulgar nascimento do comum dos mortais pela vulva feminina. A própria sabedoria, tal como Minerva, é, afinal, apenas um efeito-signo da sexualidade. Resumindo a cadeia desta redução «símbolo invertido», tal como Freud o concebeu, temos: a sabedoria → Minerva saindo da cabeça → nascimento pela vulva. O defeito essencial da psicanálise de Freud foi ter combinado um determinismo estrito que faz do símbolo um simples «efeito-signo» como uma causalidade única: a libido imperialista. Por isso, o sistema de explicação já só pode ser um sistema unívoco em que um signo remete para um signo, e um sistema pansexual no qual o signo último, a causa, é incidente da sexualidade, sendo esta última uma espécie de motor imóvel de todo o sistema.

([8]) *Ibid.*, *op. cit.*, pp. 125–126.
([9]) DALBIEZ, R., *op. cit.*, 128.

Podemos dar-nos conta desta dupla redução num caso concreto que põe em evidência o famoso complexo de Édipo no exemplo seguinte: X sonha que come uma refeição na companhia de um monge, e compromete-se na sua presença, perante uma estátua da virgem, não sem alguma repugnância, a ir tratar os leprosos. A análise freudiana deste caso dá-nos, em primeiro lugar, as seguintes associações: «monge»: outrora o sujeito X teve por diretor de consciência um franciscano; «compromisso»: o sujeito aceitou uma atitude amiga muito terna em relação a uma jovem que atravessa uma crise moral; «estátua da virgem»: era a estátua perante a qual a mãe lhe mandava fazer as orações na infância, parecendo-se, aliás, o rosto da estátua com o da mãe. Se passarmos das associações aos símbolos, descobrimos que «a lepra» é a alusão bíblica do pecado, por outro lado, o «monge» recorda ao sujeito que viu representar *Thais*(10) e que a personagem do monge Paphnuce, que quer salvar a cortesã, mas que acaba por sucumbir, o surpreendeu vivamente.

Portanto, o sonho deduz-se, com o símbolo a animar as associações, de um sonho de rapaz edipiano: a secreta tentação pela mulher que presentemente atravessa uma crise de consciência desempenha um papel traumático que remete para o desejo incestuoso da infância. A libido sexual, com os seus recalcamentos biográficos, é o único encenador do simbolismo do sonho.

No entanto, o imenso mérito de Freud e da psicanálise, apesar desta linearidade causalista e da escamoteação do símbolo a favor do sistema, foi ter devolvido o direito de cidadania aos valores psíquicos, às imagens, expulsos pelo racionalismo aplicado das ciências da natureza. É certo que o efeito-signo simbólico se reduz, em última análise, a uma transformação da libido; no entanto, atuou também como uma causa secundária no campo da atividade psíquica.

---

(10) Ópera de Jules Massenet (1842–1912), com libreto de Louis Gallet (1835–1898) baseado na obra homónima do escritor francês Anatole France (1844–1924), que narra a história do eremita ascético Paphnuce e do seu reencontro, durante uma viagem a Alexandria, com a bela e libertina Thais. [*N. do R.*]

E é neste «realismo psicológico» que reside, acima de tudo, a revolução freudiana.([11])

Vamos ver agora que, entretanto, houve uma outra maneira de conceber o inconsciente, não já «como o inefável refúgio das particularidades individuais, o depositário de uma história única»([12]), mas como o reservatório das «estruturas» que a coletividade privilegia, não no perverso polimorfo que seria a criança, mas no «social polimorfo» que é a criança humana.

*

* *

> «O pensamento mítico... constrói os seus palácios ideológicos com as ruínas de um discurso social antigo.»
>
> CLAUDE LÉVI-STRAUSS
> *La pensée sauvage*

Como acabámos de ver, a psicanálise, ao mesmo tempo que era uma descoberta da importância do símbolo, escamoteava o significado a favor da biografia individual e da causa libidinal. Sob o seu aspeto freudiano, desenhava uma arquetipologia obcecada pela sexualidade, reduzindo o símbolo à aparência envergonhada da libido recalcada, e a libido ao imperialismo multiforme da pulsão sexual.

Foram este monismo subjacente, este imperialismo da sexualidade e, especialmente, o universalismo dos modos de recalcamento que foram precisamente criticados. Particularmente, os etnógrafos, na sequência de Malinowski([13]) e do seu estudo determinante sobre os indígenas da ilha Trobriand, puseram em dúvida a universalidade do

([11]) Ver DALBIEZ, R., *op. cit.*, II, p. 56: «A influência de Freud na psiquiatria e na psicopatologia traduziu-se por uma verdadeira ressurreição da crença na eficácia do psiquismo.»

([12]) Ver LÉVI-STRAUSS, *Anthropologie structurale*, p. 224.

([13]) MALINOWSKI, B., *La vie sexuelle chez les sauvages de Mélanésie.*

famoso complexo de Édipo.([14]) A investigação etnográfica ensina que o simbolismo edipiano em que assenta todo o sistema freudiano não é mais do que um episódio cultural estritamente localizado no espaço e, provavelmente, no tempo. A antropologia cultural no seu conjunto vai pôr em questão a unidade dos modos de recalcamento, a unidade da pedagogia parental. A redução primária a um trauma edipiano, chave mestra da psicanálise freudiana, deixa de ser possível. Em particular, o livro em que Freud se arrisca no terreno da etnologia, *Totem e Tabu*, e em que chega a reduzir a sociedade, a ligação e o contrato social, ao acidente edipiano originário, é considerado pela etnologia como um romance fantástico.([15]) Como poderia uma sociedade primitiva ter por origem de todos os símbolos, de todos os elos sociais, um acontecimento edipiano, quando nos seus hábitos, nos seus costumes vivos, esta sociedade não apresenta qualquer vestígio, qualquer possibilidade de uma situação edipiana?

No entanto, o etnógrafo ou o etnólogo não pode permanecer insensível à inflação mitológica, poética, simbólica que reina nestas sociedades ditas «primitivas». Estas sociedades parecem substituir a ausência de progressos tecnológicos, e a ausência de preocupações tecnocráticas por uma fantástica vaga imaginativa. Os atos mais quotidianos, os costumes, as relações sociais, estão sobrecarregados de símbolos, são acompanhados no seu mais íntimo pormenor por todo um cortejo de valores simbólicos.([16]) Para que remetem estes símbolos luxuriantes que parecem atapetar o comportamento e o pensamento dos «primitivos»?

A linguística em todas as suas formas será sempre o modelo de um pensamento sociológico. De facto, a língua é um fenómeno testemunhal e privilegiado do objeto sociológico. Ela estabelece o pluralismo diferencial que constitui a especificidade da antropologia social por oposição ao monismo da natureza humana que a antropologia psicológica, e particularmente a psicanálise, postulam. Dado

---

([14]) Ver mais à frente, p. 86.

([15]) Ver Malinowski, B., *La vie sexuelle chez les sauvages de Mélanésie.*

([16]) Ver Griaule, M., *Dieu d'eau*; ver Dieterlen, G., *La religion des Bambara*; ver Talayesva, *Soleil Hopi.*

que as línguas são diferentes, os grandes grupos linguísticos são irredutíveis uns aos outros. E se o «simbolismo» que constitui uma língua com os seus fonemas, as suas palavras, as suas construções de frases, remete para um significado mais profundo, este significado deve conservar o carácter diferencial da língua que o explicita e o manifesta. Tal como ela, não é passível de generalização: é de natureza diferencial, e o «simbolismo» ideológico só pode remeter para um significado sociológico. A redução do simbolismo a uma sociedade que o suporta parece ser sugerida pela linguística. Mas, enquanto certos sociólogos([17]) se restringem estritamente ao simbolismo linguístico ou se limitam ao domínio dos fonemas e dos semantemas, procurando nas inesgotáveis formas das línguas da linguagem humana semelhanças sociológicas, outros tentam aplicar os métodos da linguística — e especialmente da fonologia — não só à língua, mas aos símbolos de uma sociedade em geral, tanto rituais como mitológicos, procurando não já as semelhanças, mas, pelo contrário, as diferenças entre as sociedades indicadas pelas estruturas dos conjuntos simbólicos, míticos ou rituais.

Com o primeiro método de «redução» simbólica relacionam-se os trabalhos de Georges Dumézil, antecedidos pelos de André Piganiol, que podemos denominar «redução sociológica funcionalista». A. Piganiol tinha notado, ao estudar a Antiguidade romana, que se achava em presença de duas traves do simbolismo que, na maior parte do tempo, estavam lado a lado sem se tocarem. Por um lado, observavam-se símbolos — rituais ou míticos — centrados em cultos ctónicos, incluindo rituais de sacrifício, mistérios, orgias, utilizando altares baixos, «pedras de sacrifício», sepulturas onde o morto é encerrado, etc.; por outro, o outro grupo de símbolos «isomorfos» no seu antagonismo com os precedentes.([18]) Piganiol inferia daí que a

([17]) Tomamos este termo genérico não no sentido estrito, mas querendo exprimir simplesmente que o especialista em questão aborda o domínio das «ciências sociais» em geral: sociologia propriamente dita, etnologia, antropologia cultural, etnografia, etc.

([18]) Termo tomado ao psicanalista Baudouin e que significa «pertencente qualitativamente à mesma espécie», remetendo para o mesmo tronco interpretativo; preferiríamos «isótopo».

sociedade romana era constituída por duas sociedades historicamente sobrepostas: as tribos de Rómulo, indo-europeias, e os sedentários «sabinos», populações asiáticas que tinham cultos e costumes agrários.

Completamente diferente será o método de G. Dumézil aplicado ao mesmo terreno semântico que o de Piganiol, nomeadamente à Roma Antiga. Dumézil vai reintegrar, se assim podemos dizer, o simbolismo «sabino», ao lado do simbolismo propriamente «romano», numa entidade funcional que engloba um e outro, entidade funcional que nada tem que ver com uma «difusão» de símbolos indo-europeus numa população estrangeira, pela simples razão de que a filologia põe em evidência que os símbolos «sabinos», tal como os símbolos «romanos», coexistem no conjunto das sociedades do grupo linguístico indo-europeu. Melhor ainda, entre os celtas, os germanos, os latinos ou os antigos hindus e iranianos, a sociologia linguística põe em relevo, não *duas* camadas simbólicas, mas *três* camadas perfeitamente distintas, três camadas que manifestam o seu simbolismo religioso nos três deuses latinos que se tornam o emblema de todo o sistema de Dumézil: Júpiter, Marte e Quirino. Mas Dumézil não tem a timidez redutora de um Piganiol ou de um Lowie: a «difusão» indo-europeia não explica nada, a explicação profunda, a redução última da «tripartição» simbólica nos indo-europeus é uma explicação *funcional*. Os três regimes simbólicos correspondem termo a termo a uma tripartição da sociedade indo-europeia em três grupos funcionais muito próximos do que eram as três castas tradicionais da Índia antiga: brâmanes, xátrias e vaixás. Júpiter, com o seu ritual e os seus mitos, é o deus dos «padres»([19]), do flâmine, como Mitra-Varuna é o deus do brâmane; Marte é o deus dos «équites»([20]), dos «Lúceres»([21]), como Indra é o deus dos guerreiros xátrias; quanto

([19]) A realidade é mais complexa: as próprias funções de Júpiter são duplas como acontece em Roma, ou entre os Vedas, com a soberania: correspondendo *rex-flamen* termo a termo a *raj-brahman*.

([20]) Membros da Ordem Equestre romana (*Ordo equester*), designação aplicada aos cavaleiros (do latim *equites*) do alto Império Romano, classe social que surge no séc. III a. C. [*N. do R.*]

([21]) Rómulo, primeiro rei de Roma, havia dividido a população em trinta cúrias e três tribos: Ramnenses, Ticienses e Lúceres. [*N. do R.*]

a Quirino, é a divindade «plural», geralmente feminóide (Fortuna, Ceres, etc.), divindade dos agricultores e dos «produtores», artesãos e comerciantes.

Para o funcionalismo de Dumézil, um mito, um ritual, um símbolo, é diretamente inteligível no momento em que se conhece bem a sua etimologia. O simbolismo é um departamento da semântica linguística.

No entanto, a psicanálise provou-nos que era necessário duvidar de uma leitura direta: não é no plano da consciência clara — neste caso, para que serviria a complicação do «sentido figurado», do «símbolo» relativamente ao sentido próprio? —, mas nas complicações do inconsciente que se tece a trama do símbolo. Se o símbolo tem necessidade de uma enumeração é precisamente porque é um número, criptograma indireto, velado. Por outro lado, os principais conjuntos simbólicos, os mitos, possuem a estranha propriedade de escapar à contingência linguística: o mito é o oposto de um «compromisso» linguístico como o da poesia, embebida no próprio material da língua: o seu fonetismo, o seu léxico, as suas aliterações e os seus trocadilhos. É esta *originalidade em relação a todos os outros factos linguísticos* que Lévi-Strauss assinala(22) quando escreve: «Poderíamos definir o mito como o modo do discurso em que o valor da fórmula *traduttore, traditore*(23) tende praticamente para zero...» «O valor do mito persiste como mito através das piores traduções», enquanto o valor filológico da palavra — *flamen* ou *rex*, por exemplo — se evapora numa tradução. O que significa isto? Que o mito não vai, como a palavra que se arruma no léxico, reduzir-se *diretamente* através da contingência de uma língua a um sentido funcional. É certo que constitui uma *linguagem*, mas uma linguagem *acima* do nível habitual da expressão linguística.(24)

É isto que faz a diferença fundamental entre a redução semântica direta do funcionalismo de Dumézil, e a redução translinguística do «estruturalismo» de Lévi-Strauss. Não é numa linguística positivista,

(22) *Anthropologie structurale*, p. 232.

(23) Que se aplica, no máximo, ao texto de poesia.

(24) Lévi-Strauss, *op. cit.*, p. 232.

no âmbito do léxico e da semântica, que Lévi-Strauss vai alinhar a sua antropologia e, em especial, a sua hermenêutica, mas na fonologia estrutural: a ambição de Lévi-Strauss é fazer que a sociologia — e especialmente a hermenêutica sociológica — realize *um processo análogo*([25]) *quanto à forma* (ou mesmo quanto ao conteúdo) ao progresso introduzido pela fonologia.([26]) Abandonando qualquer interpretação que modelasse estreitamente o símbolo por um padrão de linguística material (a saber, lexicológico e semântico), Lévi--Strauss só conserva da linguística o método estrutural da fonologia. E este método, tal como o encontramos em N. Troubetzkoy([27]), tem admiravelmente em conta — entre outras — as próprias características do mito em particular e do símbolo em geral.

«Em primeiro lugar», a hermenêutica sociológica, em perfeita concordância com a psicanálise como com a fonologia, «passa do estudo dos fenómenos... *conscientes* ao estudo da sua infraestrutura inconsciente». O inconsciente que, muito longe de ser o «inefável refúgio das particularidades individuais», é, pelo contrário, o órgão da estruturação simbólica. Isto significa que o elo redutor já não é procurado diretamente, mas indiretamente e muito longe do significado do semantismo dos termos; e isto remete-nos para a segunda característica,

De facto, em segundo lugar, a hermenêutica estrutural, como a fonologia, «recusa-se a tratar os *termos* como entidades independentes, tomando, pelo contrário, como base da sua análise as *relações* entre os termos».

Acrescentamos que é isto que constitui a própria força do estruturalismo: a possibilidade de decifrar um conjunto simbólico, um mito, reduzindo-o a *relações* significativas. Ora, como podemos distinguir estas «relações»? Como estabelecer relações *não arbitrárias*, isto é, constitutivas, que possam ser apresentadas como leis? Tal como a fonologia ultrapassa e abandona as pequenas unidades semânticas

([25]) Somos nós que sublinhamos este termo que nos parece importante.

([26]) *Op. cit.*, p. 41.

([27]) Troubetzkoy, N., «La phonologie actuelle», em *Psychologie du langage*, Paris, 1933, citado por Lévi-Strauss, *op. cit.*, p. 40.

(fonemas, morfemas, semantemas) para se interessar pelo dinamismo das relações entre os fonemas, também a mitologia estrutural nunca irá deter-se num símbolo separado do seu contexto: ela terá por objetivo a *frase complexa* na qual se estabelecem relações entre os semantemas, e é esta frase que constitui o *mitema*, «grande unidade constitutiva» que, pela sua complexidade, «tem o carácter de uma relação».([28]) Retomando um exemplo do próprio Lévi-Strauss: no mito de Édipo, tal como a tradição helénica nos conta, não é ao símbolo do *dragão* morto por Cadmos, ou ao da *Esfinge* morta por Édipo, ou mesmo ao ritual do enterro de Polinice por Antígona, ou ao simbolismo do *incesto*, tão caro ao psicanalista, que devemos agarrar-nos, mas sim à relação expressa pelas frases: «Os heróis matam os monstros ctónicos», «Os pais (Édipo, Polinice) sobrestimam a relação de parentesco (casamento com a mãe, proibição do enterro do irmão...)», etc.

Finalmente, precisamente entre estas «grandes unidades», vão estabelecer-se relações, e vamos mostrar, seguindo o método da fonologia, que estes diferentes «mitemas» se ordenam em sistemas de afinidades entre si. Podemos dizer, por exemplo, que a «colocação em mitemas» estruturais do mito de Édipo «*mostra* sistemas... concretos e põe em evidência a sua estrutura»([29]). Com efeito, podemos ordenar em classes de relações semelhantes os mitemas assim obtidos, classificá-los em «pacotes» «sincrónicos» que marcam, através de uma espécie de repetição, de «redundância» estrutural, o fio da narrativa mítica, o seu «diacronismo». O mito transcreve-se assim em várias colunas sincrónicas que podemos inscrever no pequeno quadro que apresentamos na página seguinte.([30])

Por fim, falta descodificar o *sentido* deste mito, o que é facilitado pela dupla análise redutora: os símbolos foram reduzidos a «relações», ditas «mitemas», e os mitemas alinhados em colunas «sincrónicas», sendo então possível *reduzir* estes sincronismos a *um único sistema*: a coluna IV (consagrada a seres deficientes, «cambaleando para a

([28]) Lévi-Strauss, *op. cit.*, p. 233.

([29]) Como Troubetzkoy afirma sobre a fonologia. Citado por Lévi-Strauss, *op. cit.*, p. 40.

([30]) Retiramos o essencial deste quadro de Lévi-Strauss, *op. cit.*, p. 236.

frente ou para o lado», e que a mitologia comparada nos apresenta como «os filhos da terra»), que significa a «persistência da autoctonia humana», estabelece com a coluna III («negação da autoctonia» através da destruição do monstro ctónico) a mesma relação que a coluna I («relações de parentesco sobrestimadas») estabelece com a coluna II («relações de parentesco subestimadas»).

O mito de Édipo seria, portanto, um instrumento lógico utilizado com fins sociológicos([31]): permitiria a uma sociedade que afirma em inúmeras narrativas que os homens vêm da terra («autoctonia»), mas sabendo que o homem nasce da união do homem e da mulher, resolver esta contradição. A vida social (colunas I e II) apresenta-nos, de facto, de modo experimental, uma coexistência dos contrários semelhantes à contradição ontológica (colunas III e IV): «O mesmo nasce do mesmo e *também* do outro.»

Estando o mito reduzido a um jogo estrutural, damos conta de que a combinatória estrutural, que à primeira vista parecia tão complicada, é bastante simples([32]), de uma simplicidade quase algébrica, da mesma maneira que «há muitas línguas, mas muito poucas leis fonológicas que servem para todos os idiomas». Por exemplo, a extrema complexidade da mitologia zuni, uma vez ordenada num quadro, uma vez metodicamente reduzida, não é mais do que um simples «utensílio lógico, destinado a operar a mediação entre a vida e a morte»([33]), mediação particularmente difícil para uma mentalidade que modela a sua conceção da vida e do nascimento pelo símbolo da saída do *vegetal* para fora da terra. Estruturalismo e funcionalismo reduzem, portanto, o símbolo ao seu estrito contexto social, semântico, ou sintático, consoante o método utilizado.

*

* *

([31]) Ver *op. cit.*, p. 239.
([32]) Ver *op. cit.*, p. 243.
([33]) Ver *op. cit.*, p. 243.

Fio da narrativa (diacronismo)

I	II	III	IV
Cadmos procura a irmã Europa.			
		Cadmos mata o dragão.	
	Os Espartos exterminam-se entre si.		
			Labdacos (pai de Laios)=«coxo».
	Édipo mata o pai Laios.		Laios (pai de Édipo)=«canhoto».
		Édipo imola o Esfinge.	
			Édipo=«pé inchado».
Édipo casa com a mãe.			
	Etíoque mata o irmão Polinice.		
Apesar da proibição, Antígona enterra o irmão.			

Sistema sincrónico de «mitemas».

Poderíamos dizer que a redução sociológica é exatamente inversa à redução psicanalítica, mas ambas procedem da mesma forma. Para a psicanálise, o inconsciente é uma verdadeira faculdade sempre «plena», e simplesmente repleta do potencial energético da libido. O ambiente social e as situações da vida individual vêm modelar de múltiplas maneiras, vêm «metamorfosear»([34]) e velar mais ou menos esta corrente única de vida, este impulso específico cujo poder vital transvasa por todos os lados a clara vontade individual e deixa constantemente marcas no conteúdo da representação, dando cor a todas as imagens e atitudes. Pelo contrário, para o sociólogo, o inconsciente «está sempre vazio»([35]), «tão estranho às imagens como o estômago aos alimentos que o atravessam», limita-se a «impor as leis estruturais», e a estruturação — que, estranhamente, é a mesma faculdade que a inteligência, uma espécie de inteligência não consciente — integra nas suas formas simples as imagens, os semantemas veiculados pelo social. Mas, para a psicanálise, como para a sociologia do imaginário, o símbolo remete apenas, em última análise, para um episódio regional. A transcendência do simbolizado é sempre negada a favor de uma redução ao simbolizante explicitado. Finalmente, a psicanálise ou o estruturalismo reduzem o símbolo ao signo ou, no melhor dos casos, à alegoria. «O efeito de transcendência» dever-se-ia apenas, numa doutrina ou noutra, à opacidade do inconsciente. Um esforço de elucidação intelectualista anima tanto Lévi-Strauss como Freud. Todo o seu método se esforça por reduzir o símbolo ao signo.

([34]) Ver Jung, *Symboles et métamorphoses de la libido.*

([35]) Ver Lévi-Strauss, *op. cit.*, p. 224.

Capítulo III

As hermenêuticas instauradoras

«Os conceitos criam ídolos de Deus,
só a impressão súbita pressente algo.»

GRÉGOIRE DE NYSSE
Patrologie grecque, 44–3728

Entre a grande corrente das hermenêuticas redutoras, caracterizada pela psicanálise e pela etnologia, e as hermenêuticas instauradoras, é justo colocar a obra filosófica de Ernst Cassirer(1), que abrange a primeira metade do século XX e que teve o mérito de orientar a filosofia, e não só o inquérito sociológico e psicológico, para o interesse simbólico. Esta obra constitui um admirável contraponto ou um prefácio à doutrina do sobreconsciente simbólico de Jung e à fenomenologia da linguagem poética de Bachelard, assim como aos nossos próprios trabalhos de antropologia arquetipológica ou ao humanismo de Merleau-Ponty.

Partindo da crítica kantiana, Cassirer teve o imenso mérito de tentar desalienná-la de um certo positivismo cientificista que só queria considerar a primeira *Crítica*, a da *razão pura*. Cassirer vai ter em conta, não só as outras «Críticas», especialmente a *Crítica da Faculdade do Juízo*, mas também concluir o inventário da consciência *constitutiva* de universo de conhecimento e de ação. Cassirer consagra também uma parte dos seus trabalhos ao mito e à magia, à religião e à linguagem. A grande descoberta «copernicana» de Kant

(1) CASSIRER, E. (1874–1945), obras principais: *Philosophie der symbolischen Formen*, III vols., 1923, 1925, 1929; *Die Begriffsform im mythischen Denken*, 1922; *Sprache und Mythos*, 1925; e *An Essay on Man*, 1944.

consistiu, recordamos aqui, em ter mostrado que a ciência, a moral e a arte não se limitam a ler analiticamente o mundo, mas fazem um juízo «sintético *a priori*» para *constituir* um universo de valores. Já para Kant, o conceito não é o sinal *indicativo* dos objetos, mas a organização instauradora da «realidade». O conhecimento é, pois, constituição do mundo; e a síntese conceptual forja-se graças ao «esquematismo transcendental», ou seja, à imaginação.([2])

Assim, não se trata de modo algum de *interpretar* um mito ou um símbolo procurando nele, por exemplo, uma explicação cosmogónica pré-científica, ou de reduzir o mito e o símbolo a forças afetivas, como faz a psicanálise, ou a um modelo sociológico, como fazem os sociólogos.([3]) Por outras palavras, o problema do símbolo não é de modo algum o do seu *fundamento*, como pretendem as perspetivas substancialistas do cientificismo, da sociologia e da psicanálise, mas antes, numa perspetiva funcional que o criticismo esboça, o problema da *expressão* imanente ao próprio simbolizante.([4]) O objeto da simbólica não é de maneira nenhuma uma *coisa* analisável, mas, de acordo com uma expressão do agrado de Cassirer, uma *fisionomia*, isto é, uma espécie de modelagem global, expressiva e viva das coisas mortas e inertes. É este fenómeno inelutável para a consciência humana que constitui a imediata organização do real. Este último nunca se apresenta como um objeto morto, mas *objetificado*, por outras palavras, promovido por todo o conteúdo psicocultural da consciência à dignidade de objeto para a consciência humana. A esta impotência constitutiva que condena o pensamento a nunca poder intuir objetivamente uma coisa, mas a integrá-la imediatamente num sentido, chama Cassirer *carga simbólica*.([5]) Mas esta impotência é apenas o inverso de um imenso poder: o da presença inelutável do *sentido* que faz que, para a consciência humana, nada seja simplesmente *apresentado*, mas tudo seja *representado*.

([2]) Cassirer, *Philosophie der symbolischen Formen*, II, p. 38.
([3]) Ver Cassirer, *Philosophie*, II, p. 22; *An Essay on Man*, pp. 39, 142.
([4]) Cassirer, *Philosophie*, II, 192, 194; *An Essay on Man*, p. 106.
([5]) Cassirer, *Philosophie*, III, p. 202.

A doença mental reside justamente numa perturbação da re-presentação. O pensamento doente é um pensamento que perdeu o «poder de analogia» e no qual os símbolos se desfazem, *se esvaziam* de sentido.(6) O homem pensante e a saúde mental definem-se, portanto, em relação à cultura, e o *homo sapiens* é, afinal, um *animal symbolicum*. As coisas só existem pela «figura» que o pensamento objetificante lhes dá, são eminentemente «símbolos», dado que só se aguentam na coerência da perceção, da conceção, do juízo ou do raciocínio, pelo sentido que os impregna. A filosofia e a análise fenomenológica dos diferentes sectores da «objetificação» conduzem em Cassirer a uma espécie de pansimbolismo.

Todavia, tendo definido o símbolo pelo seu dinamismo puro, damo-nos conta de que Cassirer consegue ainda hierarquizar as formas da cultura e as do simbolismo, considerando, por exemplo, o mito como um símbolo esclerosado, que perdeu a sua vocação «poética», enquanto a ciência, objetificação por excelência, é, pelo contrário, um constante pôr em causa dos símbolos, possuindo assim um maior potencial de carga simbólica...

Foi preciso esperar pela obra de investigadores mais descomprometidos em relação ao criticismo e à epistemologia kantiana para que a imaginação simbólica encontrasse uma total autonomia em relação ao império da lógica da identidade.

*

* *

> «O conhecimento das bases arquetípicas universais... incitou-me a olhar o que existe por toda a parte e sempre e o que pertence a todos... como um facto psicológico.»
>
> C. G. Jung
> *Symbolique de l'esprit*

(6) Cassirer, *op. cit.*, 559.

Se a teoria de Jung sobre o papel das imagens é uma das mais profundas, a sua terminologia relativa ao símbolo é das mais confusas e flutuantes. Arquétipos, símbolos e complexos são constantemente confundidos. No entanto, Jung parte de uma diferença muito firme e nítida entre signo-sintoma e símbolo-arquétipo para criticar a psicanálise freudiana.

Jung([7]), ao retomar a definição clássica do símbolo, redescobre explicitamente que este é, em primeiro lugar, multívoco (ou mesmo equívoco) e, por conseguinte, que o símbolo não pode ser assimilado a um efeito que se reduziria a uma «causa» única. O símbolo *remete* para algo, mas não se *reduz* a uma única coisa. Por outras palavras, «o conteúdo imaginário da pulsão pode interpretar-se... quer redutivamente, isto é, *semioticamente*, como a própria representação da pulsão, quer *simbolicamente*, como sentido espiritual do instinto natural»([8]).

Este «sentido espiritual», esta infraestrutura ambígua da própria ambiguidade simbólica, é aquilo a que Jung chama o *arquétipo*. O arquétipo *per se*, em si, é um «sistema de virtualidades», «um centro de força invisível», um «núcleo dinâmico» ou ainda «os elementos de *estrutura numinosa*([9]) *da psique*». É o inconsciente que fornece a «forma arquetípica», «vazia» em si mesma, que para se tornar sensível à consciência «é preenchida de imediato pelo consciente com a ajuda de elementos de representação, conexos ou análogos»([10]). O arquétipo é, pois, uma forma dinâmica, uma estrutura organizadora das imagens, mas que transvaza sempre as concreções individuais, biográficas, regionais e sociais, da formação das imagens.

Assim, o efeito-signo freudiano encontra-se simultaneamente integrado e ultrapassado pelo arquétipo psíquico em que está mergulhado. Retomemos o exemplo que citávamos a propósito de Freud, o do sonho incestuoso de tipo edipiano. No caso preciso que

---

([7]) JUNG, *Seelenprobleme*, III, Aufl., Zurique, 1946, p. 49.

([8]) JUNG, *Die Psychologie der Übertragung*, Zurique, 1946, pp. 17, 18, 23.

([9]) De *numen*, o poder, a vontade divina.

([10]) JUNG, *Symbole der Wandlung*, Zurique, 1952, p. 391 e *Von den Wurzeln des Bewusstseins*, Zurique, 1954, VI, p. 491; ver JACOBI, J., *Archétype et symbole dans la psychologie de Jung.*

escolhemos, há certamente uma redução *possível* a um desejo real, embora passado, de dormir efetivamente com a mãe. No entanto, em inúmeros sonhos semelhantes, não podemos chegar à redução do efeito-signo do sonho a um acontecimento causal muito preciso da biografia. Nesse caso, uma explicação puramente conduzida pelo método de associação por «contiguidade» na biografia do paciente pode levar a conclusões falsas e a uma terapêutica fantasista. Mas, sobretudo, o *«sonho do incesto», muito mais geral do que o desejo efetivo de incesto*, é reconduzido simbolicamente ao que os grandes sistemas religiosos ilustram pela *grande imagem do Paraíso*: «Refúgio secreto onde se está livre do peso da responsabilidade e do dever de tomar decisões e cujo seio materno é o símbolo inultrapassável.»([11]) Assim, invertemos aqui totalmente a redução simbólica freudiana: é a *exaltação* arquetípica do símbolo que nos dá o seu «sentido», não a sua redução a uma libido sexual, biológica, e aos seus incidentes biográficos.

Mas então, em Jung, a própria libido muda de aceção; em vez de ser apenas uma pulsão biológica mais ou menos imperialista, torna-se *a energia psíquica* em geral, espécie de «motor imóvel» do arquétipo, arquétipo dos arquétipos, certamente inexprimível, mas muito bem simbolizado pela serpente que se desenrola e mesmo pelo sexo masculino em ereção.

De facto, Jung revela e expõe muito profundamente o papel *mediador* do arquétipo-símbolo. Porque, através da faculdade simbólica, o homem não pertence só ao mundo superficial da linearidade dos signos, ao mundo da causalidade física, mas também ao mundo da irrupção simbólica, da criação simbólica contínua, através da incessante «metamorfose»([12]) da libido. Portanto, a função simbólica é, no homem, o lugar de «passagem» de reunião dos contrários: o símbolo na sua essência, e quase na sua etimologia (*Sinnbild*, em alemão), é «unificador de pares opostos».([13]) Seria, em termos aristotélicos, a faculdade de «manter em conjunto» o sentido

---

([11]) Jacobi, J., *op. cit.*, p. 179.

([12]) É o título de uma obra capital de Jung.

([13]) Jacobi, J., *op. cit.*, 183.

(*Sinn* = o sentido) consciente([14]), que percebe e recorta precisamente objetos, e a matéria-prima (*Bild* = a imagem), que emana do fundo do inconsciente.([15]) Para Jung, a função simbólica é *conjunctio*, casamento, em que os dois elementos se fundem sinteticamente no próprio pensamento simbolizante, num verdadeiro «hermafrodita», um «Filho divino» do pensamento.

De facto, este simbolismo é constitutivo do *processo de individuação* através do qual o eu se conquista por equilíbrio, por colocação em «síntese» dos dois termos do *Sinn-Bild*: a consciência clara, que é em parte coletiva([16]), constituída pelos usos, costumes, métodos, idiomas inculcados pela educação na psique, e o inconsciente coletivo, que não é mais do que a libido, essa energia e as suas categorias arquetípicas. Mas este processo de individuação apela para elementos arquetípicos (inconsciente coletivo) que, evidentemente, diferem consoante o sexo que informou a libido: assim, no homem, a grande imagem mediadora que vem contrabalançar a consciência clara será a da *anima*, da mulher etérea, élfica, enquanto na mulher é a imagem do *animus*, do «jovem primeiro», herói de múltiplas aventuras, que vem equilibrar a consciência coletiva.

Mas, sobretudo, convém sublinhar que, em Jung como em Cassirer, a doença mental, a neurose, advém de uma deficiência da função simbólica, que cria um desequilíbrio ao anular o princípio de individuação de duas maneiras possíveis: quer — como nos «casos» estudados pela psicanálise — pela dominância das pulsões instintivas que já não conseguem «simbolizar» conscientemente a energia que as anima e, então, o indivíduo, longe de se personalizar, separa-se do mundo real (autismo) e toma uma atitude associal, impulsiva e compulsiva; mesmo quando, nos casos menos estudados mas mais

([14]) Ver o esquematismo de Kant.

([15]) Ver Bachelard, para quem, igualmente, o símbolo necessita de consciência desperta.

([16]) O termo «coletivo» não é de modo algum uma alusão sociológica; significa, muito mais do que uma ligação social muito regional, o cimento comunitário que reúne coletivamente os indivíduos solidários de uma mesma espécie. Sobre o problema do inconsciente coletivo, ver Bastide, R., *Sociologie et psychanalyse*, Presses Universitaires de France, 1950, p. 39.

insidiosos, o equilíbrio é interrompido a favor da consciência clara (de seguida, assiste-se a um duplo processo de liquidação — liquidação do símbolo que se reduz a signo, liquidação da pessoa e da sua energia constitutiva metamorfoseada num «robô» mecânico animado apenas pelas «razões» do consciente social vigente).

A dissociação assimbólica, como Cassirer já tinha visto, constitui a doença mental: o símbolo reduz-se então a um simples sintoma, o sintoma de uma «antítese recalcada»([17]). «No que diz respeito à primeira-imagem, conteúdo do inconsciente, faz falta o poder que tem o consciente de criar formas, de engendrar estruturas...»([18]) e, então, a pulsão manifesta-se de um modo cego, nunca encontrando a sua expressão simbólica e consciente. Paralelamente, ao «significante» deixa de corresponder um significado instaurador, uma energia criadora, e o símbolo «apaga-se» em signo consciente, convencional, «concha vazia dos arquétipos»([19]) que se agrupa com os seus semelhantes em teorias vãs — mas temíveis porque são *ersatz* de símbolos! —, «doutrinas, programas, conceções que mergulham nas trevas e enganam a nossa inteligência», tornando-se então o indivíduo escravo do consciente coletivo, do preconceito vigente, tornando-se «homem de massa», à mercê de todas as aberrações do consciente coletivo.

Portanto, o símbolo é mediação, porque é equilíbrio que esclarece a libido inconsciente pelo «sentido» consciente que lhe dá, mas lastrando a consciência por meio da energia psíquica que a imagem veicula. Sendo o símbolo mediador, será igualmente constitutivo da personalidade através do processo de individuação. Assim, vemos esboçar-se em Jung, contrariamente à associação redutiva de Freud, um sobreconsciente pessoal e ecuménico que é o domínio específico do símbolo. Todavia, a grande obscuridade — geralmente ajudada pelas imprecisões de linguagem que assinalávamos no início deste parágrafo — que reina em Jung provém da confusão que geralmente existe entre as noções de arquétipo-símbolo, por um lado, e de

(17) *Psychologische Typen*, p. 648.

(18) Jacobi, J., p. 184.

(19) Jacobi, J., p. 196.

individuação, por outro. Ora, na prática, reconhecemos muito bem que existem símbolos conscientes que não são «personalizantes» e que a imaginação simbólica só tem uma função «sintética» no seio do processo de individuação. Os grandes delírios apresentam todas as características do símbolo e não são «sínteses» personalizantes, mas, pelo contrário, ilhas de imagens, por exemplo, «obsessivas», ou seja, estereotipadas por um único arquétipo.

Por outras palavras, se Freud tinha uma conceção muito apertada do simbolismo, que reduzia a uma causalidade sexual, podemos dizer que Jung tem uma conceção demasiado ampla da imaginação simbólica, que só concebe na sua atividade sintética — portanto, na sua atividade mais normal, mais ética —, não tendo praticamente em conta o «carácter mórbido» de certos símbolos, de certas imagens.([20]) Porque se a psicanálise só pode assinalar a notável universalidade dos grandes símbolos através da ilusão da extrapolação edipiana (desmentida por toda a etnologia), se o sistema do recalcamento não pode descrever a expressão simbólica nas suas formas criadoras mais elevadas, e se a teoria de Jung restaura precisamente o símbolo na sua dignidade criadora não patológica e não apela para o Édipo generalizado para considerar o carácter universal dos arquétipos--símbolos, o sistema de Jung parece, estranhamente, confundir ainda num otimismo do imaginário a consciência simbólica criadora da arte e da religião, e a consciência simbólica criadora das simples alucinações do delírio, do sonho e da aberração mental.

*

*   *

([20]) Haveria muito a dizer sobre a utilização da própria noção de «síntese», que Jung parece retomar de Hegel, e que nós próprios tínhamos adotado em seguida. De facto, Lupasco mostrou bem que se trata muito mais de um *sistema*, onde subsistem as polaridades antagónicas, do que de uma *síntese* em que a tese e a antítese perdem mesmo a sua potencialidade de contradição. A «pessoa», enquanto individualizada, é muito mais um sistema, rico de potencialidades contraditórias que permitem a liberdade, do que uma «síntese», que é apenas uma liquidação estática das contradições.

«A imagem só pode ser estudada pela imagem, sonhando as imagens tal como elas se juntam na fantasia...»

GASTON BACHELARD
La poétique de la rêverie

Gaston Bachelard iria precisar, segundo nos parece, a boa e a má utilização dos símbolos. O universo de Bachelard divide-se em três sectores nos quais os símbolos têm uma utilização bem diferente: o sector que se presta à ciência objetiva e donde qualquer símbolo deve ser proscrito impiedosamente sob pena de eclipse do objeto([21]); o sector do sonho, da neurose, no qual o símbolo se desfaz, se reduz — como bem vira Freud — a uma miserável sintomática. Em ambos estes sectores, qualquer símbolo deve ser considerado suspeito, encurralado e desalojado por uma «psicanálise objetiva» que restitua a limpidez e a precisão do símbolo, ou por uma psicanálise clássica, subjetiva, que desperte a psique das brumas do delírio e a reponha de pé no domínio da consciência humana.

Mas existe um terceiro sector, pleno por ser específico da humanidade que existe em nós: o sector da *palavra humana*, ou seja, da linguagem que nasce, que brota do génio da espécie, simultaneamente língua e pensamento. E é na linguagem poética que encontramos esta encruzilhada humana entre uma revelação objetiva e o enraizamento desta revelação mais obscura do indivíduo biológico.([22]) A linguagem

([21]) *Poétique de la rêverie*, p. 46: «No pensamento científico, o conceito funciona tanto melhor quanto mais é privado de toda a imagem preconcebida.» Ver *Le matérialisme rationnel* [*O Materialismo Racional*, Edições 70], p. 49: «Sabemos bem que a atitude científica consiste precisamente em resistir contra esta invasão do símbolo.» Ver *La formation de l'esprit scientifique, contribution à une psychanalyse de la connaissance objective.* Mais em pormenor, consultar o nosso artigo «Science objective et conscience symbolique dans l'œuvre de Gaston Bachelard», em *Cahiers internationaux de symbolisme*, n.º 4, 1963.

([22]) Ver VERHESEN, F., «La lecture heureuse de Gaston Bachelard», em *Courrier du Centre International d'Études Poétiques*, n.º 42, p. 5: «O saber científico e o saber poético utilizam métodos diametralmente opostos, mas

poema confere, como Fernand Verhesen sublinha num notável artigo, «um não-eu meu»([23]) que permite que as funções realmente humanizantes do homem tenham um desempenho pleno e estejam para lá da árida objetividade ou da viscosa subjetividade. Finalmente, se descurarmos a viscosidade autista do sonho e da neurose, o homem dispõe plenamente de dois meios, e não apenas um, de «transformar» o mundo, de duas «numenotécnicas»: por um lado, a objetificação da ciência, que pouco a pouco domina a natureza; por outro, a subjetificação da poesia que, através do poema, do mito e da religião, acomoda o mundo ao ideal humano, à felicidade ética da espécie humana.

Enquanto a psicanálise e a sociologia se orientaram para uma redução no inconsciente, quer através da interpretação dos sintomas oníricos, quer através da interpretação das sequências mitológicas, Bachelard orienta a sua investigação simultaneamente para o *sobreconsciente poético*, que se exprime por meio das palavras e das metáforas, e também para o sistema de expressão mais maleável, menos retórico do que a poesia, que é a fantasia. Fantasia livre ou «fantasia de palavras» do leitor de poemas, pouco importa, desde que nos mantenhamos na claridade de uma consciência desperta aquém das trevas do sonho.

Daí uma hermenêutica que neste epistemólogo, paradoxalmente, já nada tem que ver com a análise, com o método das ciências da natureza. Bachelard mostrou-o constantemente em toda uma série de livros: a análise é o produto das ciências objetivas, das ciências obrigadas à ascese rigorosa de uma «psicanálise objetiva» que arranca o objeto a todas as suas ligações afetivas e sentimentais. Bachelard verifica inúmeras vezes que os fulcros da ciência e da poesia são inversos, «como dois polos da vida psíquica»([24]), contrariamente ao que afirma o intelectualismo de Cassirer ou de Lévi-Strauss. Mais,

---

ambos conferem um poder sobre os factos e sobre a vivência que, liberta das contingências, as ilumina e as valoriza.»

([23]) Verhesen, F., *op. cit.*, p. 7. Ver Bachelard, G., *La poétique de la rêverie*, p. 12.

([24]) *Psychanalyse du feu*, p. 10.

não só esta dualidade existe no seio da consciência, como também: «É bom suscitar uma rivalidade entre a atividade conceptual e a atividade de imaginação. De qualquer modo, só encontramos desilusão quando as fazemos cooperar.»([25]) Porque «é preciso amar os poderes psíquicos com dois amores diferentes se gostamos dos conceitos e das imagens».([26])

Daí a necessidade de adotar um método adequado ao campo da expressão poética. A fenomenologia só desemboca em contrassensos quando se aventura no universo «numenotécnico» da objetificação. Pelo contrário, para explorar o universo do imaginário, da recondução simbólica, é a fenomenologia que se impõe, e só ela permite «reexaminar com um olhar novo as imagens fielmente amadas»([27]). Em que consiste neste domínio este famoso método? Em acentuar a virtude de origem das imagens, «em captar o próprio ser da sua originalidade e em beneficiar assim do título *produtividade psíquica* que é a da imaginação»([28]). A fenomenologia do imaginário é, em Bachelard, uma «escola de ingenuidade» que nos permite colher, para lá de todos os obstáculos do compromisso biográfico do poeta ou do leitor, o símbolo em carne e osso, porque «não se lê poesia a pensar outra coisa»([29]). Assim, o leitor ingénuo, este fenomenólogo sem o saber, não é mais do que o lugar da «ressonância» poética, lugar que

---

([25]) *Poétique de la rêverie*, p. 45.

([26]) *Op. cit.*, p. 47; é este amor complementar que constitui a «boa consciência», uma consciência nunca vazia de razão nem de fantasia.

([27]) *Op. cit.*, p. 2.

([28]) *Op. cit.*, p. 3: «Isto é, afastar todo o passado que podia ter preparado a imagem na alma do poeta.» Por sua vez, Bachelard reserva à psicanálise o estudo do inconsciente, logo, dos sonhos noturnos. Estes últimos já não são «uma consciência», logo, não são passíveis da fenomenologia, são «factos» (*op. cit.*, p. 130). Esta distinção é capital, permitindo elucidar nitidamente o falso problema da «sublimação»: o sonho é infraconsciência, logo, submete-se à análise objetiva dos factos, a fantasia criadora é sobreconsciência, a consciência que a ela se aplica é criadora precisamente por isso, e a hermenêutica, segundo a palavra de R. Abellio, torna-se «integração». Ver Abellio, R., «Valeur ontologique du symbole», em *Cahiers internationaux de symbolisme*, n.º 1.

([29]) *Op. cit.*, p. 3.

é recetáculo fecundo, dado que a imagem é semente e nos «faz criar o que vemos».([30])

Encontramo-nos precisamente no centro do mecanismo do símbolo, cujo funcionamento essencial — por oposição à alegoria — é uma *recondução instauradora* num ser que *só* se manifesta *através* de uma determinada imagem singular. A fenomenologia dinâmica e «amplificadora»([31]) de Bachelard difere totalmente da fenomenologia estática e niilista de um Sartre, por exemplo.([32]) Este último — fiel a Husserl — põe «entre parêntesis» o conteúdo imaginativo, julgando conseguir pôr em evidência, neste vazio, o sentido do imaginário. Bachelard, mais próximo de Hegel, que define a fenomenologia como «ciência da experiência da consciência», concebe, pelo contrário, o conteúdo imaginativo pleno de imagens: o imaginário confunde-se então com o dinamismo criador, a amplificação «poética» de cada imagem concreta.

Esta prospeção fenomenológica dos símbolos poéticos vai abrir-nos, através da obra de Bachelard, de modo confuso nas primeiras obras e cada vez com maior precisão, sobretudo num dos seus últimos livros, *La poétique de la rêverie*([33]), as grandes perspetivas de uma verdadeira ontologia simbólica que, por encerramentos sucessivos, conduzem aos três grandes temas da ontologia tradicional: o eu, o mundo e Deus.

*

* *

A cosmologia simbólica preocupou Bachelard durante muitos anos, como testemunham as cinco obras consagradas à recondução simbólica dos quatro elementos. A água, a terra, o fogo e o ar, e todos os seus derivados poéticos, não são mais do que o lugar mais comum

---

([30]) Shelley, citado por Bachelard.

([31]) R. Abellio aplica este epíteto à hermenêutica de Jung, embora prefira «integração».

([32]) Ver Sartre, J.-P., *L'imaginaire*, e a crítica do método de Sartre, em Durand, G., *Les structures anthropologiques de l'imaginaire.*

([33]) Presses Universitaires de France, 1960.

deste império em que o imaginário vem prender-se diretamente à sensação. A cosmologia não é do domínio da ciência, mas sim da poética filosófica; não é «visão» do mundo, mas expressão do homem, do sujeito humano no mundo. Como escreve Fernand Verhesen([34]), nesta cosmologia das matérias, já não existe oposição entre a fantasia e a realidade sensível, mas «cumplicidade... entre o eu sonhador e o mundo determinado, existe conivência secreta numa região intermédia, uma região plena, de uma plenitude de fraca densidade»([35]).

Não se trata, apesar das aparências, de um conceptualismo aristotélico que parte de quatro elementos construídos pela combinação do quente, do frio, do seco e do húmido, mas de uma fantasia que parte dos elementos, se amplifica não só através das quatro sensações, mas através de todas as sensações e das relações entre sensações possíveis: o alto, o baixo, o claro, o escuro, o pesado, o leve, o volátil, etc. Por sua vez, a fenomenologia apodera-se destas imagens e reconstrói um mundo de acolhimento a todas as atitudes do homem, um mundo de felicidade pela concordância. Por trás desta cosmologia, a grande inspiração alquímica de um macrocosmos imagem do microcosmos e, sobretudo, de um macrocosmos lugar das transformações e do trabalho humano, isto é, cofre, quadro para o microcosmos do organismo humano e dos utensílios do *homo faber*.

Neste trajeto de felicidade desenvolvem-se muitos cosmos intermédios, por exemplo, os que são descritos por *La poétique de l'espace* e, particularmente, um microcosmos privilegiado, o microcosmos humanizado pelo trabalho e pelo sonho humano: a casa, a habitação humana que recapitula «da cave ao sótão» os símbolos do mundo na sua pedra, nas suas traves, na sua lareira, no seu poço, nas suas caves húmidas e sombrias, nos seus casebres aéreos e secos. Todas as imagens, todas as metáforas substancialistas dos poetas remetem, afinal, para esta habitação do mundo, de que a minha casa é o último símbolo. Portanto, o símbolo revela-nos um mundo, e a

---

([34]) VERHESEN, F., *op. cit.*, p. 9.

([35]) *Poétique de la rêverie*, p. 144, citado por Verhesen. Ver a noção de «mundo intermediário» no xiismo, em *Terre céleste et corps de résurrection*, de CORBIN, H.

simbólica fenomenológica explicita este mundo que — nos antípodas do mundo da ciência — é, no entanto, eticamente primordial, regente de todas as descobertas científicas do mundo. Parafraseando a famosa frase «ciência sem consciência não é mais do que ruína da alma», poderíamos escrever que a cosmologia simbólica de Bachelard nos dita que «ciência sem poética, inteligência pura sem compreensão simbólica das finalidades humanas, conhecimento objetivo sem expressão do sujeito humano, felicidade sem felicidade apropriadora, não é mais do que alienação do homem». A imaginação humana volta a colocar o orgulho humano do conhecimento fáustico nos felizes limites da condição humana.

Se o cosmos simbólico leva à felicidade do homem, paralelamente e mediante um movimento idêntico, o *cogito* do sonhador — e com maior razão o *cogito* do sonhador de fantasias, do «sonhador de palavras» que é o fenomenólogo simbolista! — nunca é vão, nunca é puro, nunca é nirvana sonolento. O *cogito* é consciência, consciência plena, consciência dialogante. Bachelard, não cartesiano no plano da ciência, é não cartesiano no plano do *cogito*, e poderia retomar por sua conta a afirmação de um outro simbologista: «O ser que se situa no *cogito* descobre que o próprio ato pelo qual se furta à totalidade participa ainda do ser que o interpela em cada símbolo.»([36]) E, muito paradoxalmente, encontramos no pensador racionalista do «materialismo racional», ainda que no fulcro da poética, um regresso mais em profundidade à teoria jungiana da *anima* e do *animus* que nos parece muito próxima de uma angelologia. Na consciência clara e viril do racionalista, no rigor do trabalho da inteligência científica, de súbito a *anima* desce e «interpela» como o anjo feminino, como o mediador consolador. O que permite ao solipsismo do *cogito* ligar-se ao mundo e à fraternidade dos outros. Os símbolos do mundo reconduziam ao microcosmos, o *cogito* — coração do microcosmos humano — remete para a *anima*, símbolo-mãe de todos os símbolos que as fantasias veiculam. Como muito bem afirma Ricoeur: «O *cogito* está no interior do ser e não o inverso.» Teríamos vontade de escrever que o *cogito* bachelardiano é secretamente preparado pelo ser.

([36]) Ricoeur, P., *Le symbole donne à penser*, *op. cit.*

Bachelard encontra nesta descoberta da *anima* poética a angelologia do «médium» imaginário. A *anima* do sonhador não é mais do que o Anjo Outro que anima e «interpela» a sua alma. Mas, sobretudo, esta fenomenologia do símbolo descobre a «quadripolaridade» do sonhador e do ser sonhado: «Eu estou só, logo somos quatro»([37]), e Bachelard vai esboçar uma espécie de erótica dos «quatro seres em duas pessoas, ou melhor, dos quatro seres num sonhador e numa fantasia»([38]), ao referir-se diretamente ao *Banquete*([39]) de Platão. Isto porque, sendo o sonhador duplo por natureza psicanalítica, projeta por sua vez uma espécie de projeção cruzada, um objeto do seu sonho que também é duplo: «O nosso duplo (sonhado) é o duplo do nosso ser duplo...»([40]) O que a fenomenologia do símbolo encontra na base da antropologia que inaugura é uma androginia. No plano do cosmos, o símbolo levava a reconhecer uma fraterna e feliz consubstancialidade entre macrocosmos e microcosmos, embebendo-se o espírito sensorial de um na materialidade do outro, e a materialidade de um ganhando sentido sob a fantasia tecnicista do outro. No plano da antropologia, o símbolo leva a uma conaturalidade «do homem e da mulher íntimos», que, na fantasia, «falam para confessar os seus desejos, para comungar» através do jogo dos seus quatro polos reunidos dois a dois, «na tranquilidade de uma dupla natureza em boa concordância».

Assim, num primeiro movimento, a fenomenologia mostrava-se no símbolo, coração da fantasia poetizante, uma reconciliação por recondução metafísica — a saber, para lá da física, para lá da ciência — com o universo. Num segundo movimento, o que a própria ambiguidade do símbolo e a ambiguidade do pensamento que projeta significantes revelam é que nós nunca estamos sós. A imanência da nossa fantasia suscita como que uma animação dialogada da alma solitária: a *anima* ergue-se então frente ao *animus* e a consciência sonhadora torna-se dupla, um abraço de imagens, diálogo em perfeita

---

([37]) *Poétique de la rêverie*, pp. 64, 70.

([38]) *Op. cit.*, p. 64.

([39]) *Op. cit.*, p. 72.

([40]) *Op. cit.*, p. 71.

concordância. Esta abertura, esta amplificação interna da consciência sonhadora, proíbe-lhe tanto a alienação como o solipsismo. A dialética interna da fantasia dialogada reequilibra incessantemente a sua humanidade e, por uma espécie de pilotagem automática, remete incessantemente o conhecimento à problemática da condição humana. A *anima* surge assim como o anjo dos limites que protege a consciência nos desvios para o angelismo da objetividade, para a alienação desumanizante. O anjo é, de certo modo, transcendental: a consciência que se decalca na objetividade perde todo o seu poder de transcendência e, ao querer fazer de anjo, torna-se Lúcifer.

Finalmente, se nos é permitido levar até ao ponto extremo, sem a ela recorrer demasiado, a amplificação fenomenológica deste racionalista com uma alma que é Gaston Bachelard, vemos esboçar-se, com um extremo pudor, uma hierofania. Hierofania e escatologia simultaneamente: as imagens, os símbolos, devolvem-nos ao estado de inocência em que, como Paul Ricoeur exprime de modo magnífico, «entramos na simbólica quando temos a morte atrás de nós e a infância diante de nós»([41]). A infância surge em Gaston Bachelard, e mais ontologicamente que a própria *anima*, como o símbolo dos símbolos: «Verdadeiro arquétipo, o arquétipo da felicidade simples.»([42]) E, sobretudo, e é isso que enraíza a infância no símbolo, «arquétipo comunicável». Que distância separa esta consciência clara da clara infância da perversidade polimorfa que a psicanálise quer esconder no seio do inconsciente da criança!

Com a segurança de um psicólogo prevenido — prevenido contra os sempiternos escolhos do falso problema da «memória afetiva» — Bachelard estabelece que o significante deste arquétipo da infância são os odores.([43]) O fenomenólogo propõe-nos então todo um florilégio dos perfumes de infância colhidos pelos mais diversos poetas.([44])

([41]) Ricoeur, P., «Le conflit des herméneutiques: épistémologie des interprétations», em *Cahiers internationaux de symbolisme*, n.º 1, 1962.

([42]) Bachelard, G., *Poétique de la rêverie*, p. 106.

([43]) *Op. cit.*, p. 119.

([44]) *Op. cit.*, p. 117, especialmente esta citação de *Documents secrets* de Franz Hellen: «A infância não é uma coisa que morra em nós e seque desde que conclua o seu ciclo. Não é uma recordação. É o mais vivo dos tesouros e

Para o filósofo champanhês, se a cosmologia era multissensorial, se a psicologia se definia como diálogo amoroso da alma com o seu anjo, a teofania revelava-se sobretudo como olfativa! Deus é a Criança que está em nós e a epifania desta infância é um perfume de infância para onde nos remete o odor de uma flor seca. O gosto da pequena «madalena» e o perfume do chá conduziam Proust a uma recordação biográfica: para Bachelard, o perfume é guia espiritual para uma teofania da infância. As flores secas, o *patchouli* dos velhos armários, exalam mais do que um odor de santidade, perfumam de maneira teosófica!

É então que Bachelard, precedendo Paul Ricoeur, encontra a prescrição evangélica do Reino: «Se não sois semelhantes a um destes pequenos...» Dado que a verdadeira anamnese não é a memória chã([45]), também não é, como em Platão, recondução a um mundo objetivo das ideias. Retomando a citação do romântico Karl Philipp Moritz, Bachelard verifica que a infância é precisamente a última base da anamnese. «A nossa infância seria o Lete onde teríamos bebido para não nos dissolvermos no Todo anterior e no vindouro. Se pretendermos exprimir isto em linguagem ainda mais platónica([46]), dizemos que *a infância é o Bem Soberano, concreto, autorizado, eficaz.*» A anamnese de todos os simbolismos contidos em todas as fantasias remete, para lá do tempo e das suas confusões, a um Tédio

---

continua a enriquecer-nos independente de nós... Infeliz daquele que não consegue recordar a sua infância, voltar a captá-la em si mesma como um corpo no seu próprio corpo, um sangue novo no velho sangue: está morto a partir do momento em que ela o abandonou.»

([45]) *Op. cit.*, p. 89: «O passado recordado não é apenas um passado da perceção... A imaginação dá cor desde o princípio às cenas que gosta de rever.» É assim se aproxima da conceção baudelariana, que cita na p. 103, de uma memória baseada na «vivacidade» da imaginação.

([46]) Convém assinalar o «tom» platónico do discurso de Bachelard. Em toda a obra do filósofo do *Rationalisme appliqué e* da *Poétique de la rêverie* existe uma soberana ironia, uma maneira de nunca levar a sério o que se avança ou o que se argumenta, de maneira a dar ao argumento ou à intuição toda a gravidade convincente necessária. Este bom humor elegante, esta ligeireza plena de modéstia conferem às obras de Bachelard, como às afirmações de Sócrates, uma terrível eficácia de convicção.

primordial, à Infância, ao *Puer aeternus* que Jung e Kerényi assinalaram em inúmeras mitologias.([47]) E o autor do *Racionalismo aplicado*, para confirmar esta intuição última, acaba por recorrer a Kierkegaard, confessando que numa «vida humilde que não tem as certezas da fé, as imagens do seu belo livro([48]) atuam», e recorre sobretudo a uma das nossas místicas mais romanescas: a senhora Guyon exaltando o Espírito da Infância, o culto de um ícone em cera do Menino Jesus.

Assim, a fenomenologia dos símbolos poéticos da fantasia conduz-nos, para lá de uma cosmologia da reconciliação com o mundo, para lá de uma íntima sociedade do coração onde o anjo da compensação sentimental está vigilante, até uma teofania em que a anamnese já não é iluminada por um Soberano muito abstrato, mas pelo sol quente de uma infância cheirosa como uma tentadora cozinha: «No céu azul assava um sol amanteigado.»([49]) Esta infância é muito o Verbo, e o verbo tem o seu mais alto voo de jubilação: «A infância soma as insignificâncias do ser humano, tem um significado fenomenológico próprio, um significado fenomenológico puro dado que existe sob o signo do espanto. Pela graça do poeta, tornámo-nos o puro e simples sujeito do verbo *espantar-se*.»([50])

O génio de Bachelard consiste em ter compreendido que esta superação dos iconoclasmos só podia efetuar-se através da meditação e da superação da crítica «científica», como através da superação do simples e confuso mergulho onírico. O otimismo de Bachelard, mais circunstanciado do que o de Jung, justifica-se pela própria precisão do seu campo de aplicação: a «ingenuidade»([51]) da linguagem poética. Todavia, fora deste «espírito de infância», desta santidade, ou, pelo menos, desta «beatitude» do imaginário a que Bachelard chegou, podemos interrogar-nos de novo, sem negar a herança decisiva do filósofo da fantasia poética, sobre a totalidade do imaginário e dar acesso, na experiência da consciência, não só à poesia, mas também

---

([47]) Citado por Bachelard, G., *op. cit.*, p. 115.

([48]) Bachelard cita Kierkegaard, S., *Les lis des champs et les oiseaux du ciel.*

([49]) E. Van der Cammen citado por Bachelard, G., *op. cit.*, p. 123.

([50]) *Op. cit.*, p. 109.

([51]) Ver Ricoeur, P., *Le symbole donne à penser*, p. 71.

aos velhos mitos, aos ritos que demarcam as religiões, às magias e às neuroses. Por outras palavras, depois de Bachelard, só faltava «generalizar» a antropologia restrita do autor da *Poétique de la rêverie*, sabendo bem que esta generalização, pelo seu próprio método, só pode ser uma integração maior dos poderes imaginativos no coração do ato de consciência.

Capítulo IV

Os níveis do sentido e a convergência das hermenêuticas

> «Um símbolo revela sempre, qualquer que seja o contexto, a unidade fundamental de várias zonas do real.»
>
> Mircea Eliade
> *Traité d'histoire des religions*

Para generalizar a antropologia do imaginário convinha-nos, portanto, paradoxalmente, aplicar uma «psicanálise objetiva» ao próprio imaginário a fim de o expurgar de todas as reminiscências culturais e dos juízos de valor herdados, independentemente da sua vontade, pelos pensadores atrás citados através do triplo iconoclasmo do Ocidente. Em primeiro lugar, era preciso repudiar os métodos puramente redutores e que só visam a epiderme semiológica do símbolo, e depois fazer o cerco às reminiscências do privilégio racionalista que transparece mesmo na simbólica de Cassirer, quando este sobrestima ainda a ciência em relação ao mito. Era também necessário descobrir, para lá da meditação bachelardiana, precisamente o ponto privilegiado em que os fulcros da ciência e os fulcros da poesia se compreendem complementarmente no seu dinamismo contraditório, se fundem numa mesma função de esperança. Enfim, era necessário evitar cair no otimismo paradoxal de Jung, que apenas vê no símbolo uma «síntese mental» que torna incompreensível o simbolismo entretanto agudo da doença mental e do automatismo dereístico.

Mas tal refutação e extrapolação do imaginário com todo o conteúdo da psique humana necessitava de uma minuciosa e vasta comparação, primeiro teórica, depois aplicada a este ou aquele sector do pensamento simbólico, e finalmente aplicada diretamente ao balanço psicossocial de psiquismos singulares, normais e patológicos. Foi este trabalho que empreendemos sistematicamente com os nossos colaboradores e que prosseguimos há quinze anos.([1]) Nesta breve exposição, só podemos resumir as nossas conclusões, conclusões que se ordenam num triplo plano: em primeiro lugar, o de uma *teoria geral do imaginário*([2]) concebido como uma função geral de equilíbrio antropológico; em seguida o dos *níveis formadores* das imagens simbólicas, estas últimas formando-se e informando-se em todos os sectores e em todos os ambientes da atividade humana; finalmente, a generalização tanto estática como dinâmica da virtude da imaginação que conduz a uma metodologia que já é uma ética e que desenha uma metafísica de que iremos ocupar-nos na última parte deste trabalho, mas que desde já, pela própria generalização do seu ponto de aplicação, implica a convergência dos métodos, a *convergência das hermenêuticas.*

São estes três resultados que passamos a resumir brevemente.

*

* *

> «Os Anjos que rodeiam o Trono por cima são chamados *Dias* e os que rodeiam o Trono por baixo são chamados *Noites*.»
>
> *Zohar*, II, 137, a.

Passamos a apresentar os resultados globais que podemos induzir das nossas investigações. Em primeiro lugar, uma total supressão das sequelas da doutrina clássica — ainda aparente em Cassirer e no

---

([1]) Ver DURAND, G., *Les structures anthropologiques de l'imaginaire*, *Le décor mythique de la Chartreuse de Parme.*

([2]) A nossa obra *Les structures anthropologiques de l'imaginaire* é subintitulada *Introduction à l'archétypologie générale.*

dualismo de Bachelard — que *distingue* o consciente racional dos outros fenómenos psíquicos e, em particular, das franjas subconscientes do imaginário. Esta integração de toda a psique no seio de uma única atividade pode ainda ser expressa de duas maneiras. Primeiro, pelo facto de que o sentido próprio (que conduz ao conceito e ao signo adequado) é apenas um caso particular do sentido figurado, ou seja, é apenas um símbolo restrito. As sintaxes da razão são apenas formalizações extremas de uma retórica, ela própria embebida no consenso imaginário geral. Depois, de uma maneira mais precisa, não existe corte entre o racional e o imaginário, não sendo o racionalismo, entre outras coisas, mais do que uma estrutura polarizante particular do campo das imagens.

A partir daí, podemos assimilar a totalidade do psiquismo, desde que ele se separa da imediata sensação, ao imaginário, e o pensamento na sua totalidade é integrado na função simbólica. A imaginação, como função simbólica, deixa de ser relegada, à maneira das conceções clássicas, para a condição de défice, uma pré-história do pensamento saudável, como é ainda hoje o mito em Cassirer, ou então, como em Freud, condenada a ser um falhanço do pensamento adequado. Também não é, como em Jung, o momento único de um raro êxito sintético no qual o esforço de individuação mantém em contacto compreensivo o *Sinn* e o *Bild.* A imaginação não é simplesmente o reequilibrar da objetivação científica através da poética tal como surge em Bachelard. Ela revela-se como o fator *geral* de equilíbrio psicossocial.

Do ponto de vista antropológico em que nos situamos, o dinamismo equilibrante que é o imaginário apresenta-se como a tensão de duas «forças de coesão»([3]), de dois «regimes» em que cada um inventaria as imagens em dois universos antagónicos. Estes universos, no estado normal e médio da atividade psíquica, «combinam» bem, como Jung bem assinalou, num subuniverso que, para dizer a

([3]) Ver Durand, Y., «Le test archétypal à neuf élements (A.T. 9)», in *Cahiers internationaux de symbolisme*, n.º 4, 1964. Estas «forças de coesão» não são simplesmente, como nas psicanálises, psicológicas e biográficas, são também *sociais* e refletem a globalidade da cultura interessada.

verdade, é mais «sistemático» do que realmente «sintético», como crê Jung. Porque as polaridades divergentes, as imagens antagónicas guardam a sua individualidade própria, a sua potencialidade antagónica e só se ligam *no tempo*, no fio da narrativa, *muito mais num sistema do que numa síntese.*

E este ponto é importante para compreender bem os diversos aspetos, «normal» e «patológico», do imaginário. As imagens, qualquer que seja o regime a que pertencem, em contacto com a duração pragmática e com os acontecimentos, organizam-se no tempo, ou melhor, organizam os instantes psíquicos numa «história». Destas estruturas discursivas do imaginário emergem então certos hábitos retóricos inerentes à narrativa, como a hipotipose, e certos princípios, como o da causalidade, que liga um antecedente a um consequente que, entretanto, é «outro». A narrativa, histórica ou mítica, como verificara Lévi-Strauss, tal como a seriação causal, é um «sistema» de imagens antagónicas. É a narrativa que, no mito de Édipo([4]), permite coordenar os episódios antagónicos como a hostilidade dos consanguíneos e a sobrestimação da consanguinidade.

E, sobretudo, este dinamismo antagónico das imagens permite assinalar grandes manifestações psicossociais da imaginação simbólica e da sua variação no tempo. O desenvolvimento das artes, a evolução das religiões, dos sistemas de conhecimento e dos valores, os próprios estilos científicos, manifestam-se com uma regularidade alternante que foi assinalada há muito tempo por todos os sociólogos da história e da cultura.([5]) Verificou-se que os grandes sistemas de imagens (*Weltbild*), de «representação do mundo», se sucedem de forma marcada no decurso da evolução das civilizações humanas. Mas a dialética é geralmente mais delicada do que os filósofos vislumbraram, ainda que fossem filósofos da história. A dialética pode operar em diferentes planos de generalização. Desde que nos ocupemos de uma cultura perfeitamente integrada([6]), na qual arte, moral,

---

([4]) Ver atrás, p. 51.

([5]) Hegel, Marx, Spengler, Worringer, Sorokin, Matoré, Peyre, para citar apenas alguns nomes.

([6]) Sobre esta noção de integração e sobre a noção inversa de «*congère*», ver Sorokin, P., *Social and Cultural Dynamics.*

religião, visão do mundo correspondem ao mesmo «padrão» imaginário e se ordenam no mesmo grupo de estruturas. É evidente que este caso é muito teórico, porque definiria um tipo de cultura «fria», imobilizada, coisa que praticamente é impossível dado que existem sempre fatores de desequilíbrio extrínseco (climas, irregularidade das estações, das chuvas, das colheitas, epidemias, agressões, etc.) que, mesmo nas sociedades primitivas, perturbam esta harmonia teórica. A maior parte do tempo, vivemos também em presença de reequilíbrios parciais, não estando a religião, por exemplo, no mesmo regime que o rito.([7]) Finalmente, podemos considerar, no interior da evolução social, o antagonismo — mais ou menos edipiano — das faixas etárias, esclarecendo-se então os reequilíbrios simbólicos com excesso deste ou daquele regime no jogo das «gerações literárias», das «modas»([8]), etc.

Se nos colocarmos, agora, não no terreno psicossociológico com a finalidade de cobrir todo o campo antropológico ou, como gostamos de dizer, para considerar todos os agentes e resultantes do «trajeto antropológico» que a energia simbólica percorre, mas no terreno psicofisiológico, reparamos, em primeiro lugar, que o conceito de libido tal como se apresenta na psicanálise deixa de ter razão de ser. Efetivamente, o fator geral de equilíbrio que anima todo o simbolismo já não se manifesta sob o aspeto teórico de uma única «pulsão», que as «metamorfoses» jungianas não conseguiam, afinal, dinamizar realmente, mas sim sob a aparência, confirmada pela fisiologia, de *três esquemas* de ação (que por isso denominámos «verbais», porque o verbo é a parte do discurso que exprime a ação) que manifestam a energia biopsíquica tanto no inconsciente biológico como no consciente. Estes três esquemas correspondem, por um lado, aos três grupos de estruturas (esquizomorfas, sintéticas e místicas)([9]) assinaladas na classificação (isotopismo) psicológica e psicossocial dos símbolos; por outro, coincidem com as verificações psicofisiológicas

---

([7]) Ver Lévi-Strauss, que assinalou bem este fenómeno, em *Anthropologie structurale*, «Structure et dialectique».

([8]) Ver os trabalhos de Peyre e Matoré.

([9]) Ver quadro, pp. 82 e 83.

feitas pela Escola de Leninegrado (Bechterev, Ufland, Ukhtomsky) relativas aos *reflexos dominantes* (reflexos organizadores dos outros reflexos por inibição ou reforço): dominante *postural*, dominante *digestiva*, dominante *copulativa.*

No entanto, neste encontro das categorias simbólicas «arquetípicas» («axiomáticas», diria Bachelard) com a reflexologia, não existe qualquer relação de causa a efeito. O «trajeto antropológico» pode ser seguido no sentido: fisiologia → sociedade, ou, ao contrário, sociedade → fisiologia. Simplesmente, verifica-se uma convergência dos símbolos em séries isótopas em diferentes níveis antropológicos. Regimes, estruturas, classes de arquétipos não são mais do que categorias de classificação induzidas desta convergência empírica, mais económica do que o arsenal explicativo das pulsões, dos complexos postulados pela psicanálise. Porque uma pulsão é um postulado, um comportamento reflexo ou social é um facto verificável.

Esta tripartição «verbal» que descobrimos na origem reflexa ainda inteiramente biológica do trajeto antropológico, vamos reencontrá-la constantemente nos diferentes níveis da formação dos símbolos. Quisemos insistir aqui no sistema de formulações lógicas que estas diferentes estruturas isótopas das imagens sugerem. Formulações que mostram bem que o símbolo não se *reduz* a *uma* lógica delineada([10]), mas, muito pelo contrário, que os esquemas dinâmicos que suportam as imagens isótopas promovem *três* grandes direções lógicas, três grandes grupos constitutivos de lógicas bem distintas. Em 1955, Roger Bastide, ao estudar o candomblé afro-brasileiro([11]), assinalava no seio deste universo simbólico religioso a coalescência dos símbolos e das atitudes rituais em torno de *três* princípios que, aliás, agem concorrentemente: o famoso *Princípio de Ligação* que, desde Lévy-Bruhl, caracteriza pela sua acentuação o pensamento «primitivo», mas também, em oposição ao precedente, um *Princípio de Rutura*

([10]) Como Lévi-Strauss se esforça ainda por mostrar em *La pensée sauvage*, impedindo assim que se estabeleça uma diferença entre «pensamento selvagem» e pensamento domesticado por uma pedagogia cientificista.

([11]) Bastide, R., «Le principe de coupure et le comportement afro-brésilien», em *XXXI Congresso Internacional dos Americanistas*, São Paulo, 1955. O candomblé é uma religião sincrética comparável ao vudu haitiano.

muito próximo do velho princípio de contradição; e, finalmente, um *Princípio de Analogia*, sintético, que permite lançar uma ponte entre os dois precedentes. Ora, foi quase na mesma época e por vias totalmente diferentes que o nosso inquérito empírico conduziu a um plano de classificação de imagens também regido por três princípios, e que o lógico Stéphane Lupasco([12]), sem passar pela mediação do inquérito etnográfico ou do inquérito antropológico, estabeleceu um sistema de lógica com dois vetores «polares» e uma resultante mista, três termos praticamente coincidentes com as «três lógicas» que Roger Bastide e eu próprio verificámos na nossa investigação antropológica. Assim, a coerência (isotopismo) concreta dos símbolos no seio de constelações de imagens revelava igualmente este sistema dinâmico de «forças de coesões» antagónicas, cujas lógicas constituem apenas a formalização. Mas íamos verificar igualmente que a genética dos símbolos, em todos os seus níveis, correspondia, também ela, a esta dialética dinâmica.

*

* *

> «A procura de estruturas só tem sentido e valor quando é encarada sob o ângulo de um relacionamento harmonioso entre os diferentes domínios do Real e com a finalidade de chegar a uma espécie de síntese totalizante.»
>
> ANDRÉ GUIMBRETIÈRE
> *Quelques remarques préliminaires sur le symbole et le symbolisme*

([12]) Ver quadro seguinte, extraído da nossa obra *Les structures anthropologiques de l'imaginaire.* Ver LUPASCO, S., *Les trois matières* e o importantíssimo «Appendice théorique» do livro *L'énergie et la matière vivante*, no qual Lupasco formaliza as três lógicas que regem as três matérias.

QUADRO DA CLASSIFICAÇÃO

REGIMES OU POLARIDADES	DIURNO	
Estruturas	**ESQUIZOMORFAS** (ou heroicas) 1. Idealização e «recuo» autístico. 2. Diairetismo (*Spaltung*). 3. Geometrismo, simetria, gigantismo. 4. Antítese polémica.	
Princípios de explicação e de justificação ou lógicos	Representação objetivamente heterogeneizante (antítese) e subjetivamente homogeneizante (autismo). Os princípios de EXCLUSÃO, de CONTRADIÇÃO e de IDENTIDADE atuam plenamente.	
Reflexos dominantes	Dominante POSTURAL com os seus derivados *manuais* e o adjuvante das sensações à distância (vista, audiofonação).	
	DISTINGUIR	
Esquemas «verbais»	Separar ≠ Misturar.	Subir ≠ Cair.
Arquétipos «epítetos»	Puro ≠ Maculado. Claro ≠ Escuro.	Alto ≠ Baixo.
Arquétipos «substantivos»	A Luz ≠ As Trevas. O Ar ≠ O Miasma. A Arma Heroica ≠ Vínculo O Batismo ≠ A Mácula	O Cume ≠ O Abismo. O Céu ≠ O Inferno. O Chefe ≠ O Inferior. O Herói ≠ O Monstro. O Anjo ≠ O Animal. A Asa ≠ O Réptil.
Dos símbolos aos sintemas	O Sol, o Azul, o Olho do Pai, as Runas, o Mantra, as Armas, as Couraças, a Clausura, a Circuncisão, a Tonsura, etc.	A Escala, a Escada, o Bétilo, o Sino, o Zigurate, a Águia, a Calhandra, a Pomba, Júpiter, etc.

ISOTÓPICA DAS IMAGENS

<table>
<tr><th colspan="4">NOTURNO</th></tr>
<tr><th colspan="2">SINTÉTICAS
(ou dramáticas)</th><th colspan="2">MÍSTICAS
(ou antifrásicas)</th></tr>
<tr><td colspan="2">1. Coincidentia oppositorum e sistematização.
2. Dialética dos antagonistas, dramatização.
3. Historicizacão.
4. Progressismo parcial (ciclo) ou total.</td><td colspan="2">1. Repetição e perseverança.
2. Viscosidade, adesividade antifrásica.
3. Realismo sensorial.
4. Miniaturização (Gulliver).</td></tr>
<tr><td colspan="2">Representação diacrónica que liga as contradições pelo fator tempo. O princípio de CAUSALIDADE, sob todas as formas (especialmente FINAL e EFICIENTE), atua em pleno.</td><td colspan="2">Representação objetivamente homogeneizante (perseverança) e subjetivamente heterogeneizante (esforço antifrásico). Os princípios de ANALOGIA e de SIMILITUDE atuam plenamente.</td></tr>
<tr><td colspan="2">Dominante COPULATIVA, com os seus derivados motores rítmicos e os seus adjuvantes sensoriais (cinéticos, musicais-rítmicos, etc.).</td><td colspan="2">Dominante DIGESTIVA com os seus adjuvantes cenestésicos, térmicos e os seus derivados tácteis, olfativos e gustativos.</td></tr>
<tr><th colspan="2">LIGAR</th><th colspan="2">CONFUNDIR</th></tr>
<tr><td>→ Amadurecer, progredir.</td><td>Voltar, recensear. ←→</td><td colspan="2">Descer, possuir, penetrar.</td></tr>
<tr><td>Adiante, por vir.</td><td>Atrás, passado.</td><td colspan="2">Profundo, calmo, quente, íntimo, escondido.</td></tr>
<tr><td>O Fogo-chama.
O Filho.
A Árvore.
O Gérmen.</td><td>A Roda.
A Cruz.
A Lua
O Andrógino.
O Deus plural.</td><td>O Microcosmos.
A Criança, o Pequeno.
O Animal Mãe.
A Cor, a Noite.
A Mãe.
O Recipiente.</td><td>A Casa.
O Centro.
A Flor.
A Mulher.
Alimento. Substância.</td></tr>
<tr><td colspan="2">O Calendário, a Aritmologia, a Tríade, a Tétrade, a Astrobiologia.</td><td rowspan="2">O Ventre. Comedores e Comidos. Kobold, Dáctilos, Osíris, as Tintas, as Gemas, Melusina, o Véu, o Manto, a Taça, o Caldeirão, etc.</td><td rowspan="2">A Tumba, o Berço, a Crisálida, a Ilha, a Caverna, a Mandala, a Barca, a Alcofa, o Ovo, o Leite, o Mel, o Vinho, o Ouro, etc.</td></tr>
<tr><td>A Iniciação, o «Nascido duas vezes», a Orgia, o Messias, a Pedra Filosofal, a Música, etc.</td><td>O Sacrifício, o Dragão, a Espiral, o Caracol, o Urso, o Cordeiro, a Lebre, a Rodinha, O Sabre, o Cadinho, etc.</td></tr>
</table>

Com efeito, excetuando todas as questões de transformação dinâmica dos regimes e das estruturas, podemos observar geneticamente, na psique de cada indivíduo adulto, vários níveis([13]), matrizes de certo modo, onde vêm constituir-se os elementos «simbolizantes» (*Bild*) do símbolo. Ou, se preferirmos, verificámos vários quadros, mais ou menos coordenados entre si de acordo com o grau de integração das culturas encaradas, de «padrões» simbólicos culturais, que vão derivar, acentuar, apagar ou repelir uma ou outra das forças de coesão que animam as atitudes psicofisiológicas de um adulto humano normalmente desenvolvido.

Se deixarmos de lado o nível psicofisiológico já abordado e que nos deu a chave da classificação dos símbolos, achamo-nos em presença de diferentes ambientes formadores — ou informadores — do simbolismo adulto. Excetuando este nível natural que a reflexologia nos revela, distinguiremos dois grandes patamares de derivação do simbolismo que podemos chamar, um, o nível *pedagógico*, o da educação da criança através do ambiente imediato, o outro, o nível *cultural*, que poderíamos qualificar, como René Alleau, de *sintemático*([14]), porque a herança e a justificação de uma sociedade surgem, aos olhos do adulto, sobretudo como constituídos pela relação mútua que os homens do grupo estabelecem institucionalmente entre si.

Se analisarmos o primeiro nível, notamos em primeiro lugar que se subdivide, com maior ou menor intensidade, numa fase *lúdica* em que a criança, mais ou menos privada do ambiente familiar, constitui com os seus semelhantes uma pseudossociedade, sendo a fase familiar cara aos freudianos apenas a parte mais íntima deste nível reduzido aos primeiros anos (dos 3 aos 5 anos, consoante os autores) da infância.

([13]) Ver Durand, G., «Les trois niveaux de formation du symbolisme», em *Cahiers internationaux de symbolisme*, n.º 1, 1962, no qual desenvolvemos mais abertamente o tema. Ver Guimbretière, A., artigo citado, *Cahiers internationaux de symbolisme*, n.º 2, 1963.

([14]) Alleau, R., *De la nature du symbole*, p. 35: «O nome sintema deve ser reservado aos signos convencionais através dos quais os homens estabelecem uma ligação mútua, quer entre eles...»

Ora, o que surpreendeu todos os antropólogos especialistas de jogos infantis([15]) foi, por um lado, o carácter conservador dos jogos, por outro, a sua classificação binária. Os jogos são o conservatório de símbolos ou ritos desafetados, o «jogo do avião», por exemplo, ludificação de um rito iniciático pagão (forma espiralada), depois cristão (forma de basílica e depois de catedral) de que a criança apenas conservou o gesto desportivo.([16]) Do mesmo modo, os jogos de mãos e os jogos de cartas provêm de um simbolismo agonístico([17]) que se perde na noite das grandes civilizações agrárias.([18]) Finalmente, a maioria dos contos — esses jogos de imaginação — veiculam um simbolismo desafetado onde se profanam mitos antiquíssimos.([19])

Os jogos, muito antes da sociedade adulta, educam a infância no seio de um legado simbólico arcaico — geralmente transmitido pelos avós e pelas avós e sempre através da muito estática pseudossociedade infantil — que, mais do que a iniciação imposta pelo adulto aos símbolos aceites pela sociedade, dá à imaginação e à sensibilidade simbólica da criança a possibilidade de «jogar» em plena liberdade.

Em segundo lugar, os antropólogos encontram na classificação dos jogos *duas séries* «inconciliáveis»([20]): *a série agonística* (*agon* = competição com regras) e a *série ilínxica* (*ilinx* = turbilhão), passando pelos meios termos do *alea* (sorte) e da *mimicry* (simulacro). Esta classificação binária dos jogos parece anunciar singularmente a classificação dos *patterns*([21]) essenciais das instituições adultas e das culturas.

([15]) Ver Huizinga, J., *Homo Ludens*; Caillois, R., «Les jeux et les hommes», e «Structure et classification des jeux», em *Diogène*, Out., 1953.

([16]) «Paraíso», «adiana» na criança muçulmana, ver Béart, C., *Recherche d'une sociologie des peuples africains à partir de leurs jeux.*

([17]) Agonístico: relativo aos jogos de competição.

([18]) Ver Girard, R., *Los Chortis ante el problema maya*, ed. Robredo, 5 vols., México, e Girard, R., *Le Popol-Vuh*, história cultural dos maias-quichés.

([19]) Ver Leia, *Le symbolisme des contes de fées.*

([20]) Ver Caillois, *Les jeux et les hommes*, p. 115.

([21]) Palavra que na antropologia americana significa «modelo», «padrão».

Esta fase lúdica está, aliás, em estreita ligação com a pedagogia da fase parental, consoante a «escola dos jogos» — e qualquer escola é mais ou menos lúdica — tolere, encoraje ou, pelo contrário, reprima os jogos e o pré-exercício sexual e conjugal. Aqui, todos os matizes pedagógicos são possíveis, desde a estrita proibição e a segregação sexual das sociedades, caras aos nossos psicanalistas, até ao pré-exercício das «casas de crianças» dos Múria ou dos Trobriandeses, passando pelos colégios «mistos» dos países luteranos.([22]) É assim que nos damos conta de que a aparente «latência» sexual não passa de um ser mítico estreitamente ligado à pedagogia católica e burguesa, da mesma maneira que a «cortesia» e o romanesco são uma sobrevivência lúdica de todo o sistema pedagógico medieval.([23]) Assim, os «jogos», longe de serem de acaso, estão ligados à fase idealizante do pré-exercício e a rigorosas tradições simbólicas arcaicas.

Este pré-exercício sexual, ou a sua proibição, liga o universo dos jogos à fase parental, àquilo a que Piaget chama, com razão, o nível dos «esquemas afetivos»([24]). Mas, pela obra de Malinowski, sabemos que a hermenêutica dos símbolos que estão ligados a estes esquemas é menos simples do que a psicanálise freudiana tinha dado a entender ao reduzir toda a pedagogia formadora dos símbolos (no sonho, como nas artes) ao modelo edipiano da repressão da pulsão incestuosa. A antropologia cultural mostra-nos que Jocasta e Édipo, longe de serem arquétipos «naturais», dependem estreitamente do sistema familiar em presença nas diferentes sociedades; a repressão do incesto, muito longe de ser o alfa — ou até o ómega! — do simbólico infantil, é uma formação cultural secundária, que pode muito bem fixar-se mais em Electra do que em Jocasta.

([22]) Ver Béart, *op. cit.*, p. 83, *Jeu des petites huttes*; ver Malinowski, *La vie sexuelles des sauvages du N.-O. de la Mélanésie*, cap. IX, pp. 230–265, cap. III, pp. 63–82. Ver Elwin, V., *La maison des jeunes chez les Muria.*

([23]) Ver Rougemont, D., *L'amour et l'Occident*; sobre o «romanesco», ver Durand, G., *Le décor mythique de la Chartreuse de Parme.* Rougemont pôs em evidência a disjunção «ocidental» entre os «mitos» do amor, o jogo galante e a exigência das instituições matrimoniais; ver igualmente Nelli, R., *L'amour et les mythes du coeur.*

([24]) O que Malinowski (*op. cit.*, p. 130) denomina «oficina cultural».

Para certas sociedades, como as de Alor e as das Ilhas Marquesas, estudadas por Cora du Bois, Linton e Kardiner([25]), a pedagogia parental esbate-se de tal maneira, sendo a «indiferença» da mãe o eco da «indulgência» do pai, que já não há, como escreve Kardiner, «inflação anormal da imagem parental». Deflação de que resulta um universo simbólico «sem rigor e sem fervor» e cuja maioria dos elementos constitutivos são provenientes de um nível inteiramente distinto do nível parental. Pelo contrário, nos Tanala, o autoritarismo patriarcal, junto à exigência do controlo muito precoce dos esfíncteres (seis meses!) e à proibição dos jogos sexuais, suscita uma simbólica constrangedora, monoteísta, fatalista, imbuída da noção de pecado e de predestinação, penetrada por todos os símbolos que sugerem o rigor e a imobilidade. O arquétipo essencial, como na judiaria vienense estudada por Freud, é aqui o Pai, ancestral divino, guardião temível da moralidade. Assim, se o puritanismo dos Tanala se aproxima do da pedagogia judaico-cristã estudada por Freud, o liberalismo da sociedade de Alor cria um universo simbólico onde Édipo é apagado, mas onde se difunde uma angústia motivada pelo vazio e pela ausência de calor materno.

Outra diferença que vem falsear o dogma ocidental do Édipo: na sociedade matrilinear de Trobriand([26]), não só vemos um sistema simbólico exclusivamente matriarcal inspirar a cosmogonia e vir polarizar uma série de símbolos isótopos da maternidade (valorização positiva do subsolo, mãe subterrânea, mãe chuva, papel fecundador do macho minimizado em peixe ou até numa estalactite da gruta no decurso da conceção do herói Tuvada, etc.), como também a agressividade «edipiana» do Trobriandês não se volta — e com razão — contra o pai natural, nem contra o tio matriarca([27]).

De tudo isto teremos de concluir que não é unicamente a hermenêutica edipiana que «explica» os símbolos formados no molde

---

([25]) Bois, C., *The People of Alor*; Linton, *The Science of Man in the World Crisis.*

([26]) Malinowski, *op. cit.* e *La sexualité et sa répression dans les sociétés primitives*, p. 92.

([27]) Matriarca: diz-se daquele que possui autoridade (o irmão da mãe) nas sociedades matrilineares não patriarcais.

familiar e parental, Malinowski tem razão ao distinguir nitidamente dois tipos simbólicos de feminidade «matricial» de símbolos: a ama «natural» que é o símbolo do regaço materno, depois a feminidade que uma mutação cultural proíbe *em maior ou menor grau* ao filho e cujo simbolismo depende do ambiente cultural da família no momento da maturação pubertária, não fatalmente Jocasta, mas Electra ou mesmo Euricleia ou Astimedusa([28])... Da mesma maneira que não há uma, mas duas imagens do macho: a «natural», protetora, vigilante, que é a imagem do Pai — e que, na sociedade de Trobriand, persiste e eclipsa a outra —; a outra que, de facto, após mutação sociológica, tanto pode ser o tio, como o pai ou o avô.

Sobre este nível pedagógico intermédio entre a natureza e uma cultura singular, podemos dizer — como instaurador que é de «qualidades afetivas», de «sentimentos»([29]) que irão tingir todo o simbolismo adulto — por comparação com o nível substantivo da sociedade adulta, que é *epitético.* Vem colar uma qualidade, confirmar os símbolos em presença numa determinada sociedade através da pedagogia natural e, depois, através do catecismo afetivo deste ou daquele meio parental e lúdico.

É neste nível do desenvolvimento da função sexual que se formam as categorias adjetivas do «materno», do «paterno», do «ancestral», do «fraterno», etc. Categorias mais ou menos dramatizadas, consoante os usos do grupo, pela elaboração da repressão e das «regras de jogo». Surgem então o «autorizado», o «regular» e o «proibido». Porque a mística do totem não provém do tabu do incesto, mas, pelo contrário, o tabu do incesto, artificialmente educado, vem anexar-se a um totemismo fundamental. O que convém repetir é que a categoria do «proibido» vem sobrepor-se à do «materno», do «sororal», do «familiar» com a única finalidade de salvaguardar a ordem cultural familiar, ou melhor, a «regra do jogo» das trocas sociais.([30])

([28]) De facto, é notável que a maior parte das lições do mito de Édipo não considerem Jocasta a verdadeira mãe de sangue de Édipo. A mãe deste ora é Euricleia, ora Eurigania ou Astimedusa.

([29]) Sobre os «sentimentos» e sua importância, ver Malinowski, *op. cit.*, p. 176, que é inspirado em Shand, *The Foundations of Character.*

([30]) Ver Lévi-Strauss, *Les structures élémentaires de la parenté.*

O balanço que pode estabelecer-se após o estudo deste nível e das suas duas fases é que também aqui, como no nível reflexológico, a pedagogia é bipolar — e num grau duplo — e sobredetermina os dois regimes simbólicos esboçados no nível psicofisiológico: por um lado, ternos o isomorfismo da *paidia*, que se confunde com a fase «materno-parental», por outro, o isomorfismo do próprio *ludus* que, coincidindo com uma certa ablactação parental e com os primeiros efeitos da coerção cultural, se subdivide intimamente em série ilínxica e série agonística. Sentimentos «maternos», *paidia*, *ilinx* (aos quais podemos acrescentar *mimicry*) sobredeterminam o regime noturno da imagem, enquanto a coerção social, regras lúdicas, jogos agonísticos e até aleatórios formam a pedagogia sobredeterminante do regime diurno.

Se passarmos agora ao nível propriamente *cultural* ou «sintemático», atentamos de imediato que as convenções sociais que o constituem se esfumam a tal ponto na consciência que os signos sociais surgem quase como puramente arbitrários. Esta herança desdobra-se. Primeiro, num plano constituído pelas «atitudes do corpo» que Marcel Mauss assinala([31]) e que formam todos os gestos habituais de uma sociedade determinada: usos, ritos, comportamentos coletivos que veiculam um segundo sentido, por vezes perdido e inconsciente, além da sua utilidade técnica e da sua missão de reconhecimento. Depois, podemos distinguir o plano das representações de uma determinada sociedade numa dada época, a *Weltbild* que se manifesta através da língua, das linguagens artísticas, dos sistemas de conhecimento e, em particular, dos mitos cosmogónicos e religiosos.

Este nível de dois andares particulariza-se ao extremo no tempo e no espaço pelas modas, classes, castas, línguas e costumes profissionais. Esta singularização parece desencorajar qualquer generalização classificadora e o arbitrário dos sintemas rituais parece reinar totalmente. Por exemplo, os códigos de cortesia, a «etiqueta», os hábitos funerários variam e são até totalmente opostos de sociedade para sociedade, como frágeis superestruturas, sob as influências imprevisíveis dos acontecimentos, das mudanças climáticas e das

([31]) Ver Mauss, M., *Ethnologie et sociologie.*

invasões. Por isso, foi possível relacionar a prática de embalsamar, ou do canibalismo, nas Ilhas Marquesas, com a ameaça endémica de fome. Nos Tanala e nos Betsileus, a simples passagem técnica da cultura seca do arroz para a cultura húmida substitui o simbolismo da fatalidade impessoal e irrevogável pelo simbolismo de um Deus todo-poderoso, autoritário e caprichoso.([32])

Temos ainda a influência da língua, da sua estrutura, dos jogos fonéticos ou caligráficos, que reduzem, segundo parece, os sistemas simbólicos a puras convenções. Basta pensar em toda a simbólica do culto de Shiva, baseada no jogo de palavras Shiva/Shava (o cadáver). O nome do deus privado da letra feminina *i* é apenas o semantema do «cadáver».([33])

Todavia, apesar do arbitrário aparente e da superestrutura simbólica neste nível puramente cultural, podemos já avançar duas observações que confirmam a polaridade natural dos símbolos — mesmo reduzidos a simples sintemas.

A maioria dos sociólogos e antropólogos das civilizações observaram que existiam «padrões» de cultura([34]), que permitem classificar estas últimas em *dois grandes grupos irredutíveis*. Culturas *ideacionais* ou culturas *visualistas* (*ideational, sensate*) de Sorokin, ou ainda, para Ruth Benedict, que retoma qualificativos nietzschianos, culturas *apolíneas* ou *dionisíacas*; *Oriente* e *Ocidente*, para Northrop, vêm recortar sociologicamente a distinção entre *regime diurno* e *regime noturno* que já distinguimos psicologicamente e são indicativos deste ou daquele regime simbólico preferencial utilizado globalmente por esta ou aquela cultura singular. Conseguimos assim seriar os

---

([32]) KARDINER, *The Individual and His Society*, pp. 223, 320 e segs. Para melhor compreender por que razão, no tempo dos romanos, os burros das mós públicas descansavam nas *vestalia*, é preciso saber que Vesta é a deusa do lar (*focus*) e também do moinho doméstico (*pistrinum*); ver também DUMÉZIL, *Tarpeia*, p. 108.

([33]) Ver ZIMMER, *Mythes et symboles dans l'art et la civilisation de l'Inde.*

([34]) BENEDICT, R., *Patterns of Culture.* Este dualismo foi observado por muitos antropólogos: ver SOROKIN, P., *Social and Cultural Dynamics* e NORTHROP, F.S.C., *The Meeting of East and West*; ver também os trabalhos de Piganiol, Worringer, etc.

símbolos em duas grandes classes culturais «isótopas» e agrupar estas estruturas culturais, não por redução a uma infraestrutura última e por isso ontológica, mas, mais modestamente, num dualismo antagónico.

Mais, observamos que existe, no seio de um regime cultural agora bem diferenciado, uma dialética que anima, dinamiza, vivifica o simbolismo de uma determinada cultura. O próprio Sorokin verifica que uma sociedade nunca está totalmente integrada num tipo e que existem elementos irredutíveis, sobrevivências, ilhéus antagónicos que ele denomina *congères*, Roger Mucchielli([35]) — na sequência de Ruyer e da estética de André Malraux, que definia a linguagem artística como um «antidestino» — compreende que os símbolos artísticos, míticos, ideais são determinados, paradoxalmente, por «oposição às estruturas histórico-políticas ou psicossociais» de um determinado grupo humano. Já antes, Cazeneuve([36]) pusera em relevo, na sociedade «apolínea» dos Zuni, a instituição e o simbolismo saturnal dos palhaços Koyemshi, verdadeira válvula de segurança «dionisíaca».

A dialética pode, aliás, intervir entre as duas fases que distinguimos neste nível, entre o rito e o mito, como muitos antropólogos pressentiram. Por exemplo, Lévi-Strauss([37]) mostrou, a propósito dos índios Pawnee, que não existia homologia, numa sociedade determinada, entre os costumes ou os ritos e os mitos.

Podemos até afirmar que quanto mais se complicam as dialéticas, que quanto mais os esquemas simbólicos se contradizem e *se compensam* numa determinada sociedade, mais esta sociedade está em vias de transformação integral, de liquefação histolítica. É o que acontece, segundo nos parece, com as nossas sociedades «civilizadas», onde se enfrentam simbolismos religiosos, estatais, familiares, sentimentos, mitos do progresso, mitos nacionalistas, utopias internacionalistas,

---

([35]) Mucchielli, R., *Le mythe et la cite idéale*, p. 257; ver Ruyer, *L'utopie et les utopies*, p. 159.

([36]) Cazeneuve, *Les dieux dansent à Cibola.*

([37]) Ver Lévi-Strauss, «Structure et dialectique», em *Anthropologie structurale*, p. 257. Sobre a disjunção da lenda, do rito e do ícone, ver também Dumont, L., *La Tarasque, Essai de description d'un fait local d'un point de vue ethnographique.*

mitos socialistas ou individualistas... enquanto as sociedades primitivas «frias» parecem possuir um maior grau de integração.

Todavia, mesmo no nível sintemático em que a relação é mais importante do que o conteúdo simbólico, o mitólogo descobre algumas grandes constantes, algumas grandes imagens que parecem escapar ao puro determinismo sociológico e conduzir a uma espécie de lógica qualitativa universalizável.[38]

Melhor, estas grandes imagens, ainda que tributárias da *Weltbild* de uma sociedade singular, são diretamente compreendidas como simbólicas por indivíduos — os mitólogos! — que pertencem a uma outra sociedade. Como Lévi-Strauss pressentiu, *contar* o mito conduz à singularidade convencional dos sintemas, mas *compreender*[39] o mito apela para o sentido do próprio mitema. E é o que faz que uma mitologia seja *imediatamente* traduzível. O nível cultural fornece, portanto, uma linguagem simbólica já universalizável. Os grandes símbolos tecnológicos *e* astrobiológicos: o Sol, a Lua, os pontos solsticiais, a árvore, o cereal, a chuva, a poção, o fogo e a pederneira, o tecido e os ofícios de tecelagem, o ferro e a forja, o pote e a cerâmica, constituem espécies de *substantivos*, simbólicos polarizados por *um par de padrões* culturais facilmente decifráveis.

Deste modo, quer pela análise estática que a psicologia nos oferece, quer pelos resultados genéticos que a antropologia cultural nos propõe (estamos tentados a escrever, retomando a linguagem do geólogo: quer pela estratigrafia como pela tectónica) obtemos sempre *dados simbólicos bipolares* que definem através de toda a antropologia, tanto psicológica, como cultural e social, um vasto sistema de «forças de coesão» antagónicas. As imagens simbólicas equilibram-se umas às outras mais ou menos pormenorizadamente, mais ou menos globalmente, consoante a coesão das sociedades e também consoante o grau de integração dos indivíduos nos grupos.

---

[38] Ver Lévi-Strauss, *op. cit.*, p. 251, que estabelece o arquétipo do «mediador» através da série isomorfa: messias > dióscuros > *trickster* > ser bissexuado, etc.

[39] Lévi-Strauss, *op. cit.*, p. 237.

Mas se o objeto da simbologia é por essência pluridimensional e se refrata ao longo de todo o trajeto antropológico, daí resulta que já não podemos contentar-nos com uma hermenêutica limitada a uma única dimensão. Por outras palavras, tanto as hermenêuticas redutoras como as hermenêuticas instauradoras que examinámos até agora pecam pela restrição do campo explicativo. Só adquirem valor juntas umas às outras, sendo a psicanálise esclarecida pela sociologia estrutural e tomando esta última, como referência, uma filosofia do tipo cassireriano, jungiano ou bachelardiano. *O corolário do pluralismo dinâmico e da constância bipolar do imaginário é*, como Paul Ricoeur descobre([40]) num artigo decisivo, *a coerência das hermenêuticas.*

*

* *

> «Porque tudo está em cima, nada está em baixo. Mas isto só é assim para aqueles que não têm conhecimento.»
>
> *Odes de Salomão*, 34

Verificamos uma dupla polaridade: a do símbolo, dividido entre o significante e o significado, e a da simbólica no seu todo, sendo o conteúdo da imaginação simbólica, o imaginário, concebido como um vasto campo organizado por duas forças reciprocamente antagónicas. Paul Ricoeur, levado a meditar sobre o simbolismo do mal([41]), vai fazer recair a sua reflexão na dupla polaridade dos métodos de interpretação das hermenêuticas.([42]) Indicámos anteriormente que havia, em traços gerais, duas espécies de hermenêuticas: as que *reduzem* o

---

([40]) Ricoeur, P., «Le conflit des herméneutiques, épistémologie des interprétations», em *Cahiers internationaux de symbolisme*, 1962, n.º 1.

([41]) Ricoeur, P., «Finitude et culpabilité», *La symbolique du mal.*

([42]) Ricoeur, P., «Le conflit des herméneutiques». É também o tema do *Livre des deux Sagesses*, de Nasir-e Khosraw; ver edição Corbin, H., 1953.

símbolo a um simples epifenómeno, ao eleito, à superestrutura, ao sintoma, e as que, pelo contrário, *amplificam* o símbolo, deixando-se levar pela sua força de integração para aceder a uma espécie de sobreconsciente vivido. Paul Ricoeur precisa também o sentido destas duas hermenêuticas. Sendo ambas esforço de decifração, são «reminiscências», como escrevemos nos preliminares deste livro. Mas uma é, segundo as palavras de Ricoeur, *arqueológica*, mergulhada em todo o passado biográfico, sociológica e até filogenética, e a outra é *escatológica*([43]), isto é, reminiscência, ou melhor, chamada à ordem essencial, incessante interpelação do que chamámos o anjo. Uma, por exemplo a de Freud, é denúncia da *máscara* que são as imagens que vêm disfarçar as nossas pulsões, os nossos desejos mais tenazes. A outra é *revelação* da essência do anjo, se assim podemos dizer, da essência do espírito através das metamorfoses da nossa encarnação, da nossa situação aqui e agora no mundo.

Também a hermenêutica segue duas vias igualmente antagónicas. Por um lado, a via da *desmistificação*, preparada pelo iconoclasmo dos seis ou sete séculos da nossa civilização, com Freud, com Lévi-Strauss (e P. Ricoeur acrescenta Nietzsche e Marx); por outro, a via da *remitificação*, com Heidegger, Van der Leeuw, Eliade, e nós acrescentaremos Bachelard. Remitificação, ou seja, recoleção do sentido, colecionado, vindimado([44]) em todas as suas redundâncias e imediatamente vivido pela consciência que o medita numa epifania instauradora, constituinte do próprio ser da consciência. Assim, há duas maneiras de *ler*, de confrontar um símbolo. Podemos fazer «duas leituras» do mito de Édipo, uma freudiana, a outra heideggeriana ou platónica.([45]) Não insistiremos na leitura freudiana: sabemos que ela «lê» no mito de Édipo o *drama do incesto*: «Édipo que mata o pai e casa com a mãe realiza apenas um dos desejos da nossa infância.» Mas, ao lado deste drama de Édipo *criança*, e no mesmo texto de Sófocles, podemos «ler» um outro drama: o de Édipo *Rei*, e este Édipo encarna *o drama da verdade* porque

---

([43]) Do grego: *eschaton*, o fim último, o último prazo.

([44]) Ricoeur faz alusão à palavra alemã *Weinlese*, *op. cit.*, p. 166.

([45]) Ricoeur, P., *op. cit.*, p. 179.

procura o assassino do seu pai Laio e luta contra tudo aquilo que vem entravar constantemente esta descoberta da verdade. Na segunda leitura, à Esfinge que representa o enigma freudiano do nascimento, Ricoeur opõe Tirésias, o louco cego que é o símbolo, a epifania da verdade. Daí a importância que adquire a *cegueira* nesta segunda leitura. É certo que o freudiano assinalava esta cegueira e fazia dela um efeito-signo de uma autopunição castradora, mutiladora. Mas como Lévi-Strauss, que pode facilmente classificar a automutilação de Édipo como característica suplementar da «dificuldade de andar direito»([46]), a cena é lida pelo freudiano com indiferença, e a cegueira esfuma-se a favor do incesto e do parricídio. Pelo contrário, na segunda leitura que Ricoeur propõe, a cegueira de Édipo, reforçada pela de Tirésias, torna-se essencial. Tirésias «não tem os olhos da carne, tem os olhos do espírito e da inteligência: ele sabe. Será, pois, necessário que Édipo, que pode ver, se torne cego para ter acesso à verdade. Quando, como último ato, Édipo fura os olhos, transformar-se-á, nesse momento, num vidente cego.»([47])

Ricoeur legitima as duas hermenêuticas, porque, no fundo, qualquer símbolo é duplo: como significante, organiza-se arqueologicamente entre os determinismos e os encadeamentos causais, é «efeito», sintoma; mas, como portador de um sentido, tende para uma escatologia tão alienável como as cores que lhe são dadas pela própria encarnação numa palavra, num objeto situado no espaço e no tempo.

Paul Ricoeur propõe também que não se rejeite nem uma nem outra destas hermenêuticas inversas. Somos filhos da nossa civilização e de dez séculos de crítica, de racionalismo e de positivismo, e «agora, para um homem moderno, este trabalho de iconoclasta, este trabalho de desmistificação, pertence necessariamente a qualquer relação com os símbolos»([48]). Mas o poder de figuração das figuras, a interpelação dos emblemas, das alegorias, das simples palavras libertas de toda a sua evocação poética, apelam também, irrevogavelmente, para uma outra interpretação. O sentido figurado é inalienável:

([46]) Recordamos que Édipo significa «pé inchado».

([47]) Ricoeur, P., *op. cit.*, p. 179.

([48]) Ricoeur, P., *op. cit.*, p. 165.

as palavras organizam-se em frases, as coisas em universos, os objetos animam-se em valores de uso... O sentido próprio não é suficiente. É então que, parafraseando Bachelard, que aplica este termo à química moderna, podemos conceber que as hermenêuticas opostas e, no seio do próprio simbolismo, a convergência de sentidos antagónicos devem ser pensados e interpretados como um *pluralismo coerente* em que o significante temporal, material, ao mesmo tempo que é distinto e inadequado, se reconcilia com o sentido, o significado fugaz que dinamiza a consciência e salta de redundância em redundância, de símbolo em símbolo.

No entanto, no seio desta coerência, gostaríamos de insistir que é o escatológico que tem a supremacia *como facto* sobre o arqueológico. Porque existem sociedades sem investigadores científicos, sem psicanalistas, sociedades «não fáusticas», mas não sociedades sem poetas, sem artistas, sem valores. Para o homem, é sempre «a dimensão de apelo, de esperança»([49]) que se sobrepõe à desmistificação. Porque a desmistificação total equivaleria a anular os valores da vida perante a verificação brutal da nossa mortalidade. «Todos os homens são mortais», verifica a máxima positivista do inelutável silogismo, mas no *Fédon* é proclamada a escandalosa conclusão: «Logo, Sócrates é imortal.» E a esperança, sob pena de se situar num plano acima da morte, nunca pode ser mistificação. Contenta-se em ser mitos. Desmistificar o símbolo e simultaneamente remitificá-lo talvez seja, precisamente, extrair primeiro das contingências da biografia e da história a intenção simbolista de transcender a história. Para um cristão, a cruz não se reduz ao instrumento infamante de um

([49]) Ricoeur, P., *op. cit.*, p. 183. Temos de acrescentar que, desde então, Ricoeur deixou de ser fiel ao programa que tratou, e que sucumbiu, como tantos outros, à inflação, banalizada pelo coro dos *mass media*, do arqueológico, dando o primado a este último em detrimento do escatológico. Também nós não podíamos seguir por esta via banalizante a partir de 1965 (ver o nosso artigo «Taches de l'ésprit et imperatif de l'être», *Eranos Jahrbuch*, XXXIV, 1965) e sobretudo a partir de 1968 (Bultmann, R., *Jésus, mythologie et démythologisation*, prefácio de P. Ricoeur, entusiasta de Bultmann...). Ver o cap. II, «Science historique et mythologie traditionelle», do nosso livro *Science de l'homme et tradition: Le nouvel esprit anthropologique*, Paris, Tête de Feuilles, 1975.

suplício romano. Para um hermeneuta, a cruz também não se reduz à cruz de Cristo, brilha já com todo o seu sentido de Encruzilhada e de Mensagem na suástica hindu, como na «cruz de Malta» dos manuscritos aztecas.

Acabamos de percorrer, de Freud a Ricoeur, todas as direções da hermenêutica, e de verificar mais uma vez que a duplicidade, a equivocidade do símbolo (à qual correspondia a dualidade das hermenêuticas) precisa e ativa ainda o seu primeiro sentido de mensageiro da transcendência no mundo da encarnação e da morte. Como escrevíamos na conclusão de uma obra consagrada ao imaginário([50]), a imaginação simbólica tem por escandalosa função geral *negar eticamente o negativo*. Poderíamos acrescentar aqui, à luz deste dualismo coerente que Ricoeur observa nas hermenêuticas antagónicas (antagonismo coerente que se repercute no seio da própria estrutura do símbolo, irredutivelmente significante, *Bild*, e sentido, *Sinn*) que a *imaginação simbólica constitui a própria atividade dialética do espírito*, dado que ao nível do «sentido próprio» da imagem, cópia da sensação, ao nível da vulgar palavra do dicionário, desenha sempre o «sentido figurado», a criação percetiva, a poesia da frase que no seio da limitação *nega* esta própria limitação. Porque a verdadeira dialética, como Lupasco mostrou, não é uma síntese pacificada, mas sim uma tensão presente dos contraditórios. E se tantos símbolos, tantas metáforas poéticas animam os espíritos dos homens, não será, em última análise, porque são as «hormonas»([51]) da energia espiritual?

Resta-nos, pois, agora, no breve capítulo conclusivo deste livro, passar rapidamente em revista os diferentes sectores em que a *função simbólica* manifesta o seu dinamismo contraditorial.([52])

([50]) DURAND, G., *Les structures anthropologiques de l'imaginaire.*

([51]) A palavra é de Bachelard.

([52]) Ver FAYSSE, P., *Le contradictoriel*, tese, Universidade Laval, Quebeque, 1974.

Capítulo V

Conclusão: as funções da imaginação simbólica

«E se suprimes o que está entre o Imparticipável e os participantes — oh!, que vazio — separas-nos de Deus, destruindo o elo e criando um grande e inultrapassável abismo...»

GRÉGOIRE PALAMAS
Triade pour la défense des saints hésychastes, III, 2, 24

Sempre que abordamos o símbolo e os problemas do símbolo e a sua decifração, encontramo-nos em presença de uma ambiguidade fundamental. Não só o símbolo tem um duplo sentido: um concreto, preciso, o outro alusivo e figurado, como também a classificação dos símbolos nos revelava os «regimes» antagónicos sob os quais as imagens vêm ordenar-se. Mais, não é só o símbolo que é duplo, as hermenêuticas também são duplas: umas redutoras, «arqueológicas», as outras instauradoras, amplificadoras e «escatológicas». É que, como dizíamos no final do capítulo precedente, a imaginação simbólica é dinamicamente negação vital, negação do nada da morte e do tempo. Esta essência dialética do símbolo desdobra-se em vários planos que precisamos de examinar agora. Como restabelecedor de equilíbrio, o pensamento simbólico faz sentir os seus benefícios pelo menos em quatro sectores.

Primeiro, e na sua determinação imediata, na sua espontaneidade, o símbolo surge como restabelecedor do *equilíbrio vital* comprometido pela inteligência da morte; depois, pedagogicamente, o símbolo é utilizado para o restabelecimento do *equilíbrio psicossocial*; em seguida, se examinarmos o problema da simbólica em geral, através da coerência das hermenêuticas, compreendemos que a simbólica estabelece, através da negação da assimilação racista da espécie humana a uma pura animalidade, ainda que racional, um *equilíbrio antropológico* que constitui o humanismo ou o ecumenismo da alma humana. Por fim, depois de ter instaurado a vida perante a morte, o bom senso do equilíbrio em relação ao desregulamento psicossocial, depois de ter verificado a grande catolicidade dos mitos e dos poemas e instaurado o homem como *homo symbolicus*, o símbolo erige finalmente, diante da entropia positiva do universo, o domínio do *valor supremo*, e equilibra o universo que passa com um Ser que não passa, ao qual pertence a eterna Infância, a eterna aurora, e desemboca então numa *teofania*.

*

* *

Foi a Bergson([1]) que coube o mérito de ter estabelecido de forma explícita o papel biológico da imaginação, a que chama «função fabuladora». A fabulação é geralmente uma «reação da natureza contra o poder dissolvente da inteligência», mas mais precisamente este poder negativo da inteligência manifesta-se na consciência da decrepitude e da morte. Desde então, a imaginação define-se como uma «reação defensiva da natureza contra a representação da inevitabilidade da morte, através da inteligência». Mais adiante([2]), Bergson insiste ainda no carácter antitético à dissolução que apresenta a fabulação e utiliza incessantemente o termo «reação»: «Reação defensiva da natureza contra um desencorajamento... esta reação suscita no seio da própria inteligência imagens e ideias que deitam por terra a representação deprimente ou que a impedem de atualizar-se.» Por outras palavras, no vasto universo bergsoniano de um dualismo matizado,

---

([1]) Ver *Les deux sources de la morale et de la religion*, 1932, pp. 127 e 137.
([2]) *Ibid.*, p. 159.

a fabulação vem situar-se ao lado do instinto, da adaptabilidade vital em relação à inteligência grosseira e estática dos sólidos, dos factos e, por isso mesmo, da morte. Graças à fabulação, o «todos os homens são mortais» mantém-se potencial na consciência, mascarado pelo concretíssimo projeto vital que faz espelhar a imaginação nos olhos do pensamento.

Alguns anos depois de Bergson, será René Lacroze([3]) que, num estudo sistemático, confirmará a tese do «papel biológico» da imaginação. Ele confrontava estas conclusões com a tese freudiana do recalcamento, o reino das imagens que surgem como uma «posição de recuo em caso de impossibilidade física ou de proibição moral», como «evasão para longe da dura realidade».

Finalmente, até nós([4]), baseando-nos não na biologia, como Bergson, ou na psicologia, como Lacroze, mas no balanço antropológico, conseguíamos estabelecer que a função de imaginação é, acima de tudo, uma função de «eufemização», mas não simplesmente ópio negativo, máscara que a consciência ergue diante da hedionda figura da morte, mas, pelo contrário, dinamismo prospetivo que, através de todas as estruturas do projeto imaginário, tenta melhorar a situação do homem no mundo. Concordávamos em particular com o etnógrafo Marcel Griaule([5]), quando verificámos que toda a arte, da máscara sagrada à ópera-cómica, é sobretudo iniciativa eufémica que se insurge contra o apodrecimento da morte.

Todavia, esta eufemização verga-se também ao antagonismo dos regimes do imaginário. Tentámos mostrar([6]) como o eufemismo se diversifica, às portas da retórica, em *antítese* declarada quando funciona no regime diurno ou, pelo contrário, através da dupla negação, em *antífrase* quando depende do regime noturno da imagem. Longe

---

([3]) Lacroze, R, *La fonction de l'imagination, 1935.*

([4]) *Structures anthropologiques de l'imaginaire*, pp. 439 e 441.

([5]) Ver Griaule, *Masques dogons*, p. 818: «A arte dos Dogons é, na sua origem, uma luta contra a putrefação»; p. 775: «O mito não é mais do que o método seguido... pelos homens para restabelecer a ordem na medida do possível e limitar os efeitos da morte. Portanto, contém em si um princípio de defesa e de conservação que comunica ao rito.»

([6]) Ver *Les structures anthropologiques de l'imaginaire.*

de ser incompatível com o instinto de vida, o famoso «instinto de morte» que Freud revelava em certas análises é simplesmente que a morte é *negada*, é eufemizada ao extremo numa vida eterna, no seio das pulsões e das resignações que inclinam as imagens para a representação da morte. O próprio ato de desejar e de imaginar a morte como um repouso, um sono, eufemiza-a e destrói-a.

*

* *

Em segundo lugar, a imaginação simbólica é um fator de equilíbrio psicossocial. A psicanálise clássica, na conceção da *sublimação*, já tinha confirmado o papel tampão que desempenha a imaginação entre a pulsão e a sua repressão. Todavia, a psicanálise freudiana, através da desvalorização que impunha à imagem, limitava-se a verificar a estrutura equilibrante de processos de sublimação, mas consistia em desmistificar as aberrações imaginárias da neurose reduzindo-as à sua causa temporal e substituindo-as pelo encadeamento positivista dos factos biográficos da primeira infância. Num tal sistema, a imagem, excetuando o caso de sublimação, é mais um obstáculo ao equilíbrio do que um adjuvante eficaz. É certo que já na psicanálise jungiana, graças à noção de arquétipo, o símbolo é concebido como uma síntese equilibrante através da qual a alma individual se une à psique da espécie e apresenta soluções tranquilizadoras para os problemas que a inteligência da espécie coloca. No entanto, tanto em Jung como em Freud, o símbolo nunca é encarado com meio terapêutico direto.

Passa-se exatamente o contrário com certos psiquiatras e psicólogos contemporâneos que vão fazer a imagem desempenhar o seu papel essencial: o de fator dinâmico do reequilíbrio mental, isto é, psicossocial. Na terapêutica de Robert Desoille ou de M. A. Séchehaye([7]), podemos ver uma aplicação sistematizada do que Bachelard

([7]) Ver Desoille, R., *Le rêve éveillé en psychothérapie*, Paris, d'Artrey, 1952, e Séchehaye, M. A., *La réalisation symbolique*, Berna, H. Huher, 1947; ver Chambron, H., *Contribuition à l'étude du rêve éveillé en psychothérapie*, Toulouse, 1963.

pressentia na felicidade da leitura, no equilíbrio reencontrado pelo «sonhador de palavras». Porque o «sonho desperto», de que Desoille se faz teórico e prático, está muito próximo nos seus efeitos da «fantasia» bachelardiana. O psicoterapeuta que tem de tratar psicopatas depressivos injeta no seu psiquismo asténico imagens antagónicas, imagens de ascensão, de conquista vertical. E de imediato, não só todo o «regime» isótopo das estruturas ascensionais invade o campo de consciência — luz, pureza, domínio, voo, ligeireza, etc. —, como também a consciência sofre uma verdadeira revitalização moral. A verticalidade é indutora de proezas aeronáuticas ou montanhistas, mas também de «retidão» moral.

Do mesmo modo, para reequilibrar os neuropatas que têm tendência a perder o contacto com o real, Desoille fá-los-á sonhar, não com a ascensão, mas com a descida à terra ou ao mar concreto, levando-os, segundo a bela expressão de Bachelard, a «desaprender o medo»([8]).

Na terapêutica preconizada pela Dra. Séchehaye, o papel equilibrante de um regime de imagem e das suas ressonâncias simbólicas em relação ao outro é ainda mais nítido. O psiquiatra enfrenta aqui graves psicoses de aspeto esquizofrénico.([9]) A doente estudada vive obnubilada pelo regime «diurno» da imagem. Sente-se abandonada no «país da claridade», onde os objetos, os sons, os seres são «separados», as personagens são apenas «estátuas», «marionetas», caras «recortadas como do cartão». Neste universo desolado, seco, onde «tudo é separado, elétrico, mineral», a doente é aterrorizada, esmagada perante o «muro de estanho», o «muro de gelo».([10]) O psiquiatra, na cura de «realização simbólica» que vai fazer seguir à doente, esforçar-se-á por temperar o imperialismo de um único regime e, progressivamente, por arrancar a doente do terrível «país da claridade» através de um sistemático e muito concreto «retiro campestre».([11]) Assim, nestas terapêuticas, a mudança de regime

([8]) BACHELARD, G., *La terre et les rêveries de la volonté*, p. 398.

([9]) Ver SÉCHEHAYE, M. A., *Journal d'une schizophrène*, pp. 4, 17, 22 e 51.

([10]) *Op. cit.*, pp. 59 e 77.

([11]) *Op. cit.*, pp. 110 e 111.

institui, no campo da imaginação, primeiro uma conduta, e depois um reequilíbrio simbólico.

É certo que, no limite, como bem viram Cassirer e Jung, a doença é perda da função simbólica. No entanto, nos casos acima citados, o simbolismo ainda tem um desempenho, mas um desempenho esclerosado e orientado para um único regime. Os trabalhos de Yves Durand já citados mostram bem que a saúde mental é sempre, e até ao limiar do afundamento catatónico, uma tentativa de equilibrar um regime por outro. Por exemplo, em alguns doentes no nível já muito baixo, nos quais os *temas* imaginários são muito estereotipados, muito polarizados por um único regime, é *a forma* que tentará um supremo restabelecimento no sentido do regime antagónico. Do mesmo modo, a doença média, aquela que dá esperança de cura, é, mais do que a «perda da função simbólica», a hipertrofia desta ou daquela estrutura simbólica e o *bloqueamento* sobre esta estrutura. O doente é um desadaptado, diria mesmo quase um «ultrapassado» em relação ao meio e à ação na qual está inserido: o seu modo de reequilíbrio em relação ao meio não é aquele que é aceite pelo próprio meio.

Mas, a par desta dialética de certo modo estática, necessária ao equilíbrio presente da consciência, a história cultural, especialmente a dos temas literários e artísticos e a dos estilos e das formas, revela uma dialética cinemática, se assim podemos dizer, e passível da mesma função vital para uma sociedade, a função de reequilíbrio. Não vamos alongar-nos sobre o problema das «gerações» culturais, mas convirá assinalar que a dialética das «noites» e dos «dias»([12]) da história cultural segue um duplo movimento no seu constante reequilíbrio: cada «geração de 36 anos» opõe-se à precedente, a dos «filhos» opõe-se à dos «pais», dos mais velhos, e os regimes simbólicos vão-se reforçando enquanto os adultos educam as crianças; depois, muito bruscamente, mudam quando as crianças se tornam adultos ávidos de mudança, de «evasão». Como escrevíamos noutro livro([13]), «uma pedagogia persegue a outra e a duração de uma pedagogia é

([12]) Expressão tomada a MICHAUD, G., *Introduction à une science de la littérature*, p. 255.

([13]) DURAND, G., *Les structures anthropologiques de l'imaginaire*, p. 419.

limitada apenas pela duração da vida do pedagogo». O equilíbrio sócio-histórico de uma determinada sociedade não seria mais do que uma constante «realização simbólica» e a vida de uma cultura seria feita destas diástoles e sístoles, mais ou menos lentas, mais ou menos rápidas, consoante a própria conceção que estas sociedades fazem da história.

Do mesmo modo que o psiquiatra aplica uma terapêutica de reequilíbrio simbólica, poderíamos conceber que a pedagogia — deliberadamente centrada na dinâmica dos símbolos — se torna uma verdadeira *sociatria*, doseando precisamente para uma dada sociedade as coleções e as estruturas de imagens que exige para o seu dinamismo evolutivo. Num século de aceleração técnica, uma pedagogia tática do imaginário surge como mais urgente do que no lento desenrolar da sociedade neolítica, onde os reequilíbrios se faziam por si mesmos, ao ritmo lento das gerações.

*

* *

Equilíbrio biológico, equilíbrio psíquico e sociológico, é esta, afinal, a função da imaginação. Mas existe um outro equilíbrio que facilita paradoxalmente a nossa civilização tecnocrática plena de exclusivos simbólicos. Porque, perante o iconoclasmo triplamente reforçado que denunciávamos no início deste estudo, a civilização que tantas vezes confundiu desmistificação e desmitificação, que é a nossa, propõe um gigantesco processo de remitificação, à escala planetária, meio que nenhuma sociedade tinha possuído até agora na história da espécie.

O grande mérito de André Malraux([14]) foi ter mostrado nitidamente que os meios rápidos de comunicação, que a difusão em massa das obras-primas da cultura, por processos fotográficos, tipográficos, cinematográficos, através do livro, da reprodução a cores, do disco, das telecomunicações, da própria imprensa, permitiam uma confrontação planetária das culturas e um recenseamento total dos temas, dos

([14]) MALRAUX, A., *Les voix du silence.*

ícones e das imagens, num *Museu Imaginário* generalizado a todas as manifestações culturais. Perante a enorme atividade da sociedade cientificista e iconoclasta, é esta própria sociedade que nos propõe os meios de reequilíbrio: o poder e o dever de promover um intenso ativismo cultural.

Neste caso, como pressentiu Northrop([15]), o museu imaginário generalizado ao conjunto de todos os departamentos de todas as culturas é o fator supremo de reequilíbrio de toda a espécie humana. Para nós, ocidentais, o «recurso ao Oriente», a aceitação de regimes e de enxames de imagens veiculadas pela arte do Oriente ou pela arte de civilizações diferentes da nossa é um meio, o único meio, de restabelecer um equilíbrio humanista realmente ecuménico. A razão e a ciência só ligam os homens às coisas, mas o que liga os homens entre si, ao humilde nível das felicidades e das penas quotidianas da espécie humana, é a representação afetiva, porque vivida, que o império das imagens constitui. Depois do museu imaginário no sentido estrito, o museu dos ícones e das estátuas, é preciso apelar para um outro museu, é preciso generalizar um museu mais vasto que é o dos «poemas».([16]) A antologia generaliza o museu. E só então a antropologia do imaginário pode constituir-se, antropologia que não tem por finalidade ser apenas uma coleção de imagens, de metáforas e de temas poéticos. Mas que, além disso, deve ter por ambição elaborar o quadro compósito das esperanças e dos receios da espécie humana, a fim de que cada um possa reconhecer-se e confirmar-se nele. Porque, como escreve Jean Lacroix: «O espírito só pode conhecer-se nas suas obras quando, de qualquer modo, se reconhece nelas.»([17]) O que a antropologia do imaginário permite, e só ela permite, é reconhecer o mesmo espírito da espécie em prática tanto no pensamento «primitivo» como no pensamento civilizado, tanto no pensamento normal como no pensamento patológico.

([15]) *The Meeting of East and West*, pp. 345 e 383.

([16]) Foi o que esboçámos modestamente no *Décor mythique de la Chartreuse de Parme*, quando tentámos ligar o romanesco do séc. XIX com os grandes mitos da Antiguidade clássica.

([17]) LACROIX, J., *La sociologie d'Auguste Comte*, p. 110.

Reconhecemos aqui o otimismo de um Lévi-Strauss ao declarar que «o homem pensou sempre bem»([18]) e ao calcular que a espécie humana sempre foi dotada de «faculdades constantes». Mas, ao contrário do celebre etnólogo, não pensamos que esta perenidade e este ecumenismo residem *exclusivamente* no «regime diurno», no pensamento analítico que modela a lógica aristotélica da nossa civilização. Pelo contrário, no final das nossas pesquisas, estamos persuadidos de que a *esperança* da espécie, aquilo que dinamiza o pensamento humano, é polarizada por dois polos antagónicos([19]) em torno dos quais gravitam rotativamente as imagens, os mitos, as fantasias e os poemas dos homens. O ecumenismo do imaginário diversifica-se para nós num dualismo «coerente». O «pensamento selvagem», que não é apenas o pensamento dos «selvagens», como Lévy-Bruhl defendia, que se liga ao mais secreto do meu pensamento domesticado pela ciência, não é um simples balbuciar da ciência. Porque, nesse caso, a ciência, o «regime diurno» da consciência, seria um progresso em relação às suas infâncias selvagens, e nós estaríamos a reintroduzir o orgulhoso racismo cultural, tão caro à nossa civilização. Ora, Lévi-Strauss reconhece-o bem([20]) ao afirmar que «um machado de ferro não é superior a um machado de pedra por ser mais bem feito. Ambos são igualmente bem feitos, mas o ferro não é a mesma coisa que a pedra.» Nós próprios aplicamos esta verdade tecnológica às imagens e às famílias de símbolos: a teoria eletrónica, as hipóteses sobre a expansão do universo não são «mais bem feitas» do que um mito de emergência zuni ou do que a parábola do grão de mostarda. Simplesmente, aplicam-se a dois objetos diferentes. Mas, do mesmo modo que não temos o direito de desvalorizar tais mitos e a sua vocação de esperança em relação às nossas crenças científicas e à sua vocação de domínio, também não temos o direito de reduzir o machado de pedra ao seu «aperfeiçoamento» metalúrgico. Convém

---

([18]) LÉVI-STRAUSS, *Anthropologie structurelle*, p. 255.

([19]) Lévi-Strauss, nas últimas linhas do *La pensée sauvage* (p. 356), parece reintroduzir esta dupla polaridade quando distingue «dois caminhos» do pensamento para apreender o mundo: «um supremamente concreto, o outro supremamente abstrato».

([20]) LÉVI-STRAUSS, *Anthropologie structurelle*, p. 255.

simplesmente verificar que este ecumenismo do imaginário é dualista, portanto, dialético. E, humildemente, saber fazer como Gaston Bachelard: pedir o «suplemento da alma», a autodefesa contra os privilégios da nossa própria civilização fáustica, à fantasia que está de vigia às nossas noites. É necessário contrabalançar o nosso pensamento crítico, a nossa imaginação desmistificada, com o inalienável «pensamento selvagem» que estende a mão fraterna da espécie ao nosso orgulhoso desamparo de civilizado.

*

* *

Finalmente, sem se estender ao domínio das revelações religiosas e da fé, a antropologia simbolista, quer a de Mircea Eliade([21]) quer a de *La poétique de la rêverie*, desemboca numa inevitável verificação: tanto o regime diurno como o regime noturno da imaginação organizam os símbolos em séries que reconduzem sempre para uma infinita transcendência, que se coloca como valor supremo. Se o simbologista deve evitar com cuidado as querelas das teologias, não pode de modo algum esquivar a *universalidade da teofania*. O hermeneuta tem sempre o sentimento de que todos os símbolos se organizam numa vasta e única *tradição* que se torna por esta própria exaustividade uma insuficiente revelação. É que, em última análise, se a função simbólica opõe a vida à morte biológica, se opõe o bom senso à loucura, a adesão aos mitos da cidade à alienação e à desadaptação, se finalmente constrói a fraternidade das culturas e especialmente das artes num «antidestino» consubstancial à espécie humana e à sua vocação fundamental, então na sua ponta extrema o dinamismo desta função estende-se ainda numa nova dialética. De facto, a vida biológica, o «bom senso» que faz o espírito justo, a cidade e os seus sintemas, o género humano e o glorioso museu das imagens e das fantasias que construiu numa interminável e fraterna lenda dos séculos são, por sua vez, aos olhos da insaciável função simbólica e na sua relação negativa mesmo com a morte, a loucura, a desadaptação

([21]) Ver Eliade, M., *Traité d'histoire des religions* e *Images et symboles*.

ou a segregação racista, os símbolos vivos revestidos por seu turno por um sentido que os acompanha e os transcende. Por trás da vida que se alicerça contra a morte, esboça-se uma vida do espírito que nada tem que ver de essencial com a biologia. E é precisamente isso que Paul Ricoeur quer dizer quando nos fala do «intercâmbio entre o nascimento e a morte» em que «a simbólica se realiza». Do mesmo modo, no plano anterior da justeza da consciência no seu bom senso, esboça-se um tipo de Justo, que resume a virtude do herói, do sábio e do santo. Finalmente, a cidade dos homens projeta-se no céu numa imutável Cidade de Deus([22]), enquanto o ecumenismo das imagens relança no plano espiritual uma reversibilidade dos méritos e das penas que a fraternidade realmente concretiza. Doravante, o símbolo surge, por todas as suas funções, como abertura para uma epifania do espírito e do valor, para uma hierofania.

Por fim, como última dialética em que pela última vez a imagem, *Bild*, persegue o sentido, *Sinn*, a epifania busca uma figuração suprema para revestir esta mesma atividade espiritual e procura uma Mãe e um Pai para esta vida espiritual, um Justo dos Justos, um Rei da Jerusalém celeste, um Irmão divino que possa verter, como resgate, «uma gota de sangue por ti»... Todavia, mesmo nesta ponta extrema em que a simbologia está disposta, segundo parece, a perder-se na mística por meio do «retorno ao silêncio», uma vez esgotada toda a hermenêutica, como diz Paul Ricoeur([23]), a fundamental dialética das imagens ainda funciona. O historiador das religiões([24]) que se debruça sobre as teofanias verifica a *tensão dialética* no presente de toda a intuição religiosa como na evolução temporal de toda a religião. É por isso que o Grande Deus Shiva se desdobra numa figura energética e antagónica: Kali que, por sua vez, se desdobra em «bondosa» e em «terrível». Mesmo o Deus da Bíblia, o Deus do Corão ou o Deus da Cabala têm uma face de Rigor e outra de Misericórdia. O inefável «bendito Santo» desdobra-se mesmo na feminidade encarnada pela Shekhinah. Observando a história, a evolução de uma religião, o

([22]) Ver Mucchielli, *Le mythe de la cité idéale.*

([23]) Ricoeur, P., *Le conflit des herméneutiques*, p. 184.

([24]) Ver Morel, B., *Dialectiques du mystère.*

cristianismo por exemplo, reconhecemos rapidamente esta pluralização: à sobriedade cristológica das catacumbas opõe-se a rutilância dos esmaltes bizantinos, depois ao ouro e à hagiografia bizantina, novamente a ocidental reforma de Cister e, de novo, na esteira do purismo românico, a exuberância e a eflorescência góticas. Poderíamos ainda observar estes fluxos e refluxos de teofanias antagónicas no decurso da Reforma, da Contrarreforma e do Quietismo e, finalmente, nos nossos dias, entre um certo formalismo moral do cristianismo social e a enorme proliferação do culto mariano em Lurdes ou em Fátima. Quer estática quer dinamicamente, a própria teofania é animada pela dialética. Isto é tão verdade que a dialética, e o símbolo que é dialética em ato, que é tensão criadora, não podem tolerar a astenia de um fim. Por outras palavras, a antropologia simbólica reconstitui em todas as suas tensões antagónicas uma teofania; no final deste livro, voltamos à afirmação que fizemos no início deste estudo: o símbolo, no seu dinamismo instaurador em busca de sentido, constitui o próprio modelo da mediação do eterno no temporal.

Deste modo, este livro de iniciação, partindo da psicanálise, vem desembocar na teofania.([25]) Sem querer especializar o leitor nestes dois extremos da hermenêutica, desejaríamos simplesmente, ao fechar estas páginas, que o exame da imaginação simbólica que acabamos de fazer fosse realmente iniciador do *humanismo aberto* que será o humanismo de amanhã e ao qual a simbólica nos convida, através da psicopatologia, etnologia, história das religiões, mitologias, literaturas, estéticas e sociologia. Em suma, a simbólica confunde-se com o andamento de toda a cultura humana. No irremediável rasgão entre a fugacidade da imagem e a perenidade do sentido que o símbolo constitui, precipita-se a totalidade da cultura humana, como uma mediação perpétua entre a esperança dos homens e a sua condição temporal. O humanismo de amanhã, depois de Freud e Bachelard, já não poderá fechar-se numa iconoclastia exclusiva. Possa também este livro incitar o leitor, sem nada negar da cultura ocidental e dos seus processos de desmistificação, a tornar-se, a exemplo de

([25]) Foi este itinerário que o psicanalista Stern percorreu espiritualmente. Ver Stern, *La troisième révolution* e *Le buisson ardent*.

Bachelard, sonhador de palavras, sonhador de poemas, sonhador de mitos, e assim a instalar-se plenamente na realidade antropológica bem mais vital, mais importante para o destino e, sobretudo, para a *felicidade* do homem do que a morta verdade objetiva. Porque é entre as verdades objetivas desmistificadoras e o insaciável querer-ser constitutivo do homem que se instaura a liberdade poética, a liberdade «remitificante». Mais do que nunca, sentimos que uma ciência sem consciência, ou seja, sem afirmação mítica de uma *esperança*, marcaria o declínio definitivo das nossas civilizações.

Bibliografia Sumária

ALLEAU, R., *De la nature du symbole*, Flammarion, 1958.

ALQUIÉ, F., «Conscience et signes dans la philosophie moderne et le cartésianisme», artigo em *Polarité du symbole*, «Estudos carmelitas», Desclée de Brouwer, 1960.

BACHELARD, G., *L'air et les songes. Essai sur l'imagination du mouvement*, José Corti, 1943.

— *La poétique de l'espace*, P.U.F., 1957.

— *La poétique de la rêverie*, P.U.F., 1960.

BASTIDE, R., *Sociologie et psychanalyse*, P.U.F., 1950.

CASSIRER, E., «Le langage et la construction du monde des objets», artigo no *Journal de psychologie normale et pathologique*, vol. XXX, pp. 18–44.

— «Le concept de groupe et la theórie de la perception», artigo em *Journal de psychologie*, julho–dezembro, 1958.

CORBIN, H., *L'imagination créatrice dans le soufisme d'Ibn Arabi*, Flammarion, 1958.

— *Terre céleste et corps de réssurrection*, Buchel-Chastel, 1960.

EDELINE, F., «Le symbole el l'image selon la theórie des codes», *Cahiers internationaux de symbolisme*, n.º 2, 1963.

ELIADE, M., *Images et symboles, Essais sur le symbolisme magico-religieux*, Gallimard, 1952.

FREUD, S., *Introduction à la psychanalyse*, Payot, 1947.

— *L'interprétation des rêves*, P.U.F., 1967.

GUIMBRETIÈRE, A., «Quelques remarques préliminaires sur le symbole et le symbolisme», *Cahiers internationaux de symbolisme*, n.º 2, 1963.

GUSDORF, G., *Mythe et métaphysique*, Flammarion, 1953.

JACOBI, J., «Archétype et symbole chez Jung», artigo em *Polarité du symbole*, Desclée de Brouwer, 1960.

JUNG, C. G., *L'Homme à la découverte de son âme*, ed. Mont-Blanc, 1950.

— *Métamorphoses et symboles de la libido*, ed. Montaigne, 1932.

KANT, E., *Critique de la raison pure*, t. I, Parte II, Livro II, cap. I: «Du schématisme des concepts purs de l'entendement».

LACROZE, R., *La fonction de l'imagination*, Boivin & Cie., 1938.

LÉVI-STRAUSS, C., *Anthropologie structurale*, cap. XI: «La structure des mythes»; cap. XII: «Structure et dialectique», Plon, 1958.

MOREL, B., *Le signe sacré*, Flammarion, 1959.

— *Dialectiques du mystère*, La Colombe, 1962.

RICOEUR, P., «Le symbole donne à penser», artigo em *Esprit*, julho–agosto, 1959.

— «Le conflit des herméneutiques, épistémologie des interprétations», artigo em *Cahiers internationaux de symbolisme*, n.º 1, 1963.

VERHESEN, F., «La lecture heureuse de Gaston Bachelard», artigo em *Courrier du Centre International d'Études Poétiques*, n.º 42.

Índice

PERSPECTIVAS DO HOMEM

1. *A Construção do Mundo*, Marc Augé
2. *Os Domínios do Parentesco*, Marc Augé
3. *Antropologia Social*, E. E. Evans-Pritchard
4. *Antropologia Económica*, François Pouillon
5. *O Mito do Eterno Retorno*, Mircea Eliade
6. *Introdução aos Estudos Etno-Antropológicos*, Bernardo Bernardi
7. *Tristes Trópicos*, Claude Lévi-Strauss
8. *Mito e Significado*, Claude Lévi-Strauss
9. *A Ideia de Raça*, Michael Banton
10. *O Homem e o Sagrado*, Roger Caillois
11. *Guerra, Religião, Poder*, P. Clastres, M. Gauchet, A. Adler, J. Lizot *et al.*
12. *O Mito e o Homem*, Roger Caillois
13. *Antropologia: Ciência das Sociedades Primitivas*, J. Copans, S. Tornay, M. Godelier e C. Backés-Clement
14. *Os Horizontes da Antropologia*, Maurice Godelier
15. *Críticas e Políticas da Antropologia*, Jean Copans
16. *O Gesto e a Palavra I – Técnica e Linguagem*, André Leroi-Gourhan
17. *As Religiões da Pré-História*, André Leroi-Gourhan
18. *O Gesto e a Palavra II – A Memória e os Ritmos*, André Leroi-Gourhan
19. *Aspetos do Mito*, Mircea Eliade
20. *Evolução e Técnicas I – O Homem e a Matéria*, André Leroi-Gourhan
21. *Evolução e Técnicas II – Meio e Técnicas*, André Leroi-Gourhan
22. *Os Caçadores da Pré-História*, André Leroi-Gourhan
23. *As Epidemias na História do Homem*, J-C. Sournia, J. Ruffié
24. *O Olhar Distanciado*, Claude Lévi-Strauss
25. *Magia, Ciência e Civilização*, Jacob Bronowski
26. *O Totemismo Hoje*, Claude Lévi-Strauss
27. *A Oleira Ciumenta*, Claude Lévi-Strauss
28. *A Lógica da Escrita e a Organização da Sociedade*, Jack Goody
29. *Ensaio sobre a Dádiva*, Marcel Mauss
30. *Magia, Ciência e Religião*, Bronislaw Malinowski
31. *Indivíduo e Poder*, Paul Veyne, J.-P. Vernant, Paul Ricoeur *et al.*
32. *Mitos, Sonhos e Mistérios*, Mircea Eliade
33. *História do Pensamento Antropológico*, E. E. Evans-Pritchard
34. *Origens*, Mircea Eliade
35. *A Diversidade da Antropologia*, Edmund Leach
36. *Estrutura e Função nas Sociedades Primitivas*, Radcliffe-Brown
37. *Canibais e Reis*, Marvin Harris
38. *História das Religiões*, Maurílio Adriani
39. *Pureza e Perigo*, Mary Douglas
40. *Mito e Mitologia*, Walter Burkert
41. *O Sagrado*, Rudolf Otto
42. *Cultura e Comunicação*, Edmund Leach
43. *O Saber dos Antropólogos*, Dan Sperber
44. *A Natureza da Cultura*, A. L. Kroeber
45. *A Imaginação Simbólica*, Gilbert Durand
46. *Animais, Deuses e Homens*, Pierre Lévêque
47. *Uma Teoria Científica da Cultura*, Bronislaw Malinowski
48. *Signos, Símbolos e Mitos*, Luc Benoist
49. *Introdução à Antropologia*, Claude Rivière
50. *Esboço de uma Teoria Geral da Magia*, Marcel Mauss
51. *O Enigma da Dádiva*, Maurice Godelier
52. *A Ciência dos Símbolos*, René Alleau
53. *Introdução à Teoria em Antropologia*, Robert Layton
54. *Claude Lévi-Strauss*, Catherine Clément
55. *Comunidades Imaginadas*, Benedict Anderson
56. *A Antropologia*, Marc Augé e Jean Paul Colleyn
57. *Intimidade Cultural*, Michael Herzfeld
58. *Antropologia das Religiões*, Lionel Obadia
59. *O Bode Expiatório*, René Girard
60. *Antropologia e Vida Moderna*, Franz Boas